JESUS E AS SETE IGREJAS DA ÁSIA

ÉFESO

PAIVA NETTO E SUA SÉRIE O APOCALIPSE DE JESUS PARA OS SIMPLES DE CORAÇÃO — LIVRO REUNIDO E ORGANIZADO PELA ACADEMIA JESUS, O CRISTO ECUMÊNICO, O DIVINO ESTADISTA

JESUS E AS SETE IGREJAS DA ÁSIA

ÉFESO

PAIVA NETTO E SUA SÉRIE O APOCALIPSE DE JESUS PARA OS SIMPLES DE CORAÇÃO — LIVRO REUNIDO E ORGANIZADO PELA ACADEMIA JESUS, O CRISTO ECUMÊNICO, O DIVINO ESTADISTA

"Eu, João, irmão vosso e companheiro na tribulação, no reino e na perseverança, em Jesus, encontrei-me na ilha chamada Patmos, por causa da Palavra de Deus e do Testemunho de Jesus Cristo. Achei-me em Espírito, no Dia do Senhor, e ouvi por detrás de mim uma grande voz, como de trombeta, que me dizia: O que vês escreve em livro e manda às Sete Igrejas que estão na Ásia: Éfeso, Esmirna, Pérgamo, Tiatira, Sardes, Filadélfia e Laodiceia" (Apocalipse, 1:9 a 11)

ELEVAÇÃO

Produção editorial e revisão: *Equipe Elevação*
Impressão: *Mundial Gráfica*
Capa: *João Periotto*
Imagem da capa: *Montagem artística, a partir da pintura "A Bênção", de Sátyro Marques (1935-2019), que faz parte do acervo da Galeria de Arte do Templo da Boa Vontade*
Projeto gráfico e diagramação: *Helen Winkler*

A 1ª edição desta obra foi publicada em dezembro de 2023.

Depósito legal na Biblioteca Nacional conforme
Decreto nº 1.825, de 20 de dezembro de 1907.

Dados Internacionais de Catalogação na Publicação (CIP)
(Câmara Brasileira do Livro, SP, Brasil)

Jesus e as Sete Igrejas da Ásia - Éfeso / Academia Jesus, o Cristo Ecumênico, o Divino Estadista (org.) — 1ª ed. — São Paulo : Editora Elevação, 2023, v.1. (Coleção Jesus e as Sete Igrejas da Ásia) 336 p. : 15,5 x 23

ISBN 978-65-85860-06-2

Série "O Apocalipse de Jesus para os Simples de Coração"

1. **Quarta Revelação**. 2. Espiritualidade. 3. Jesus Cristo. 4. Apocalipse. 5. Paiva Netto, José de. I. Academia Jesus, o Cristo Ecumênico, o Divino Estadista. II. Título.

CDD-228.07

Índices para catálogo sistemático:

1. Apocalipse : Comentários 228.07

Rua Doraci, 2-A, sala 103 – Bom Retiro
São Paulo/SP – CEP 01134-050
Tel.: (11) 3224-2963
www.elevacao.com.br

SUMÁRIO

TRATADO DO NOVO MANDAMENTO DE JESUS

A Espiritualmente Revolucionária Ordem Suprema do Divino Mestre representa o diferencial da Religião de Deus, do Cristo e do Espírito Santo[1] e é a base de todas as suas ações de promoção espiritual, social e humana, pela força do Amor Fraterno, por Ele trazido ao mundo.

Ensinou Jesus, o Cristo Ecumênico, o Divino Estadista: *"13:34 Novo Mandamento vos dou: amai-vos como Eu vos amei. 13:35 Somente assim podereis ser reconhecidos como meus discípulos, se tiverdes o mesmo Amor uns pelos outros.*

15:7 Se permanecerdes em mim e as minhas palavras em vós permanecerem, pedi o que quiserdes, e vos será concedido. 15:8 A glória de meu Pai está em que deis muito fruto; e assim sereis meus discípulos.

15:10 Se guardardes os meus mandamentos, permanecereis no meu Amor; assim como tenho guardado os mandamentos de meu Pai e permaneço no Seu Amor.

15:11 *Tenho-vos dito estas coisas a fim de que a minha*
alegria esteja em vós e a vossa alegria seja completa.
15:12 *O meu Mandamento é este: que vos ameis como Eu*
vos tenho amado. 15:13 *Não há maior Amor do que doar a*
própria vida pelos seus amigos. 15:14 *E vós sereis meus ami-*
gos se fizerdes o que Eu vos mando. 15:17 *E Eu vos mando*
isto: amai-vos como Eu vos amei.
15:15 *Já não mais vos chamo servos, porque o servo não*
sabe o que faz o seu senhor; mas tenho-vos chamado ami-
gos, porque tudo quanto aprendi com meu Pai vos tenho
dado a conhecer.
15:16 *Não fostes vós que me escolhestes; pelo contrário,*
fui Eu que vos escolhi e vos designei para que vades e deis
bons frutos, de modo que o vosso fruto permaneça, a fim
de que tudo quanto pedirdes ao Pai em meu nome Ele vos
conceda.
15:17 *E isto Eu vos mando: que vos ameis como Eu vos*
tenho amado. 15:9 *Porquanto, da mesma forma como o*
Pai me ama, Eu também vos amo. Permanecei no meu
Amor".

(Tratado do Novo Mandamento de Jesus[2], reunido por Paiva Netto, consoante o Santo Evangelho do Cristo de Deus, segundo João, 13:34 e 35; e 15:7, 8, 10 a 17 e 9.)

[1] **Religião de Deus, do Cristo e do Espírito Santo** — Nesta e em outras obras literárias da Quarta Revelação, o leitor vai se deparar com as denominações Legião da Boa Vontade (LBV) e Religião de Deus, do Cristo e do Espírito Santo, criadas pelo saudoso Alziro Zarur (1914-1979), que se irmanam na lide *"por um Brasil melhor e por uma humanidade mais feliz"*. São elas duas instituições irrestritamente ecumênicas, unidas para atender, de forma integral, às carências fundamentais do ser humano e do seu Espírito Eterno, transformando-o sem paternalismos, a fim de que ele possa assumir na sociedade o seu papel de protagonista na solução dos problemas existentes. Agem assim para que a criatura humana se realize por meio dos poderosos ensinamentos do Espírito (Religião de Deus, do Cristo e do Espírito Santo) e da dinâmica ação de reforma humana e social (Legião da Boa Vontade), decorrência natural de nossa integração nos preceitos divinos. Disse Jesus: *"Buscai primeiramente o Reino de Deus e Sua Justiça, e todas as coisas materiais* [portanto, humanas e sociais] *vos serão acrescentadas"* (Evangelho, segundo Mateus, 6:33). Da convergência dessas ações — a espiritual e a humano-social — nasce a Política de Deus, para o Espírito Eterno do ser humano. A Religião de Deus, do Cristo e do Espírito Santo também é conhecida como Religião do Terceiro Milênio, Religião do Amor Universal e Religião Divina.

[2] **Tratado do Novo Mandamento de Jesus** — Pela força espiritual contida nessas palavras do Cristo de Deus, Paiva Netto fez constar a leitura desse Tratado na abertura de todos os programas da Super Rede Boa Vontade de Comunicação (rádio, TV e internet) e nas publicações, assim como nas reuniões públicas da Religião do Terceiro Milênio, atendendo também a um pedido dos Irmãos Espirituais na Revolução Mundial dos Espíritos de Luz, na Quarta Revelação, representados pelo Irmão Dr. Bezerra de Menezes (Espírito).

O MISTÉRIO DE DEUS REVELADO

O Mistério de Deus por Jesus Cristo
revelado é o Amor![1]

Paiva Netto

[1] Esse pensamento de Paiva Netto é o último verso de sua música intitulada *O Novo Mandamento de Jesus*, movimento final do Oratório "O Mistério de Deus Revelado", cuja gravação foi feita, em 1999, pelo National Philharmonic Choir "Svetoslav Obretenov" e pela Sofia Symphony Orchestra, da Bulgária, sob a regência do maestro Ricardo Averbach. Disponível no aplicativo Boa Vontade Play e em plataformas de *streaming* como *Spotify*, *Apple Music* e *Deezer*, o Oratório superou a marca de 550 mil cópias vendidas, conquistando Disco de Platina Duplo. Em 5 de abril de 2000, teve a sua primeira audição mundial em inglês quando o Coral Ecumênico Boa Vontade se apresentou na sede da Organização das Nações Unidas (ONU) em Nova York, EUA.

PERMANENTE PRESENÇA DE JESUS

Tudo fica para trás. Jesus, o Cristo Ecumênico e Divino Estadista, permanece! Ele disse: *"Passará o Céu, passará a Terra, mas as minhas palavras não passarão"* (Evangelho, segundo Lucas, 21:33).

Paiva Netto

O PARECER DE GAMALIEL

"Se esta obra é de homens, não triunfará. Mas, se é de Deus, não a combatais, pois estareis combatendo o próprio Deus."

(Atos dos Apóstolos de Jesus, 5:38 e 39)

PERANTE O SINÉDRIO

"Respondendo Pedro e João aos sinedritas, disseram: Não podemos deixar de falar daquilo que vimos e ouvimos. Importa antes agradar a Deus que aos homens."

(Atos dos Apóstolos de Jesus, 4:19 e 20; e 5:29)

DEUS AVISA ANTES

"Certamente, o Senhor Deus não fará coisa alguma, sem primeiro revelar o Seu segredo aos Seus servos, os Profetas."

(Profeta Amós, 3:7)

O APOCALIPSE NOS LIBERTA

Francisco Periotto
Jornalista. É Assessor-Geral da
Presidência das Instituições da Boa Vontade
e Secretário-Geral da LBV

Ao observarmos o conturbado e intenso momento pelo qual passa a humanidade, com guerras, fomes, pestes e pragas, encontramos, de vez em quando, nas mais variadas mídias do país e do mundo, quem erroneamente defina o atual caos planetário como de responsabilidade direta do Apocalipse. Dão-lhe, assim, a estranha ideia de vida própria. E geralmente o fazem de forma tergiversa e dissimulada, sem prestar a devida atenção ou se importar sobre o que, de fato, trata o Livro da Revelação. Desrespeitam, desse modo, consciente ou inconscientemente, um texto milenar e, sobretudo, sagrado. Isso me faz recordar de uma reflexão do escritor Paiva Netto em sua obra *Jesus, o Profeta Divino* (2011), parte integrante da popular coleção "O Apocalipse de Jesus para os Simples de Coração", que já ultrapassou a significativa marca de 4 milhões de livros vendidos. Escreve o autor:

> *(...) O pessoal continua dizendo impropriedades a respeito do Apocalipse,* ***como se ele fosse o culpado de tudo****.*
>
> ***Por acaso, são as folhas de papel nas quais estão impressas as profecias bíblicas que provocam essas catástrofes, ou nossa estupidez militante e ganância sem termo?***
>
> *Pare um pouco para pensar, cesse de falar mal das Profecias Finais, porque as visões de João, Evangelista e Profeta,* ***não acionam esses fatos, apenas os anunciam****.* ***Ora, só amigo adverte amigo.***

Diante da compreensão equivocada sobre o tema, é fundamental enaltecer e atribuir o merecido crédito à vanguarda e ao ineditismo da vastíssima produção espiritual-intelectual do jornalista, radialista e escritor Paiva Netto. Ao longo das décadas — já são quase 70 anos trabalhando na Seara da Boa Vontade de Deus —, ele vem se dedicando a esclarecer e confortar incontáveis Almas com suas palestras fraternas relativas ao Evangelho-Apocalipse de Jesus, facilitando aos Simples de Coração o entendimento das Escrituras Sagradas, em Espírito e Verdade, à luz do Novo Mandamento do Cristo: *"Amai-vos como Eu vos amei. Somen-*

te assim podereis ser reconhecidos como meus discípulos" (Evangelho, segundo João, 13:34 e 35).

Ele sempre estimula as pessoas, de todas as classes sociais, ao verdadeiro aprendizado espiritual, moral e material, vindo do Livro das Profecias Finais. O que parecia difícil e intransponível se tornou palpável, claro e reconfortante aos corações, por intermédio de suas palavras educativas e de fácil acesso.

Estudioso da Bíblia Sagrada, Apóstolo do Bem dedicado à causa maior, ao ministério ímpar de preparar os caminhos para a Volta Triunfal de Nosso Senhor Jesus Cristo à Terra, ele nos convida a ler, estudar, meditar e agir em todos os nossos propósitos de Vida, a partir dos Ensinamentos Divinos, que o Redentor Apocalipse nos oferta integralmente. Uma verdadeira Escola de Amor e Paz! Berço da magnífica gestação da Parusia do Cristo, ou seja, do Segundo Retorno Visível do Divino Mestre a este orbe.

Neste primeiro tomo destinado às Sete Cartas de Jesus às Igrejas da Ásia, constantes do Apocalipse, com ênfase para Éfeso, um grande sucesso já em sua proposta, compreenderemos um pouco mais a respeito do autêntico significado das Profecias do Cristo redivivo, o Grande Amigo da humanidade, levando em conta a semeadura humana por séculos e milênios, e poderemos promover, se dessas ferramentas soubermos fazer bom uso, uma transformação extraordinária de nossa vida em família e na sociedade.

Destacam-se ainda mais aqui as pregações apocalípticas feitas pelo autor da série radiofônica e reunidas pela Academia Jesus, o Cristo Ecumênico, o Divino Estadista, justamente por terem origem, em sua maioria, em seus discursos de improviso nas Emissoras da Boa Vontade, pelo rádio, pela TV e em palestras, realizadas em diferentes regiões e horários dos mais variados possíveis, sem jamais perder tempo. Em muitas cidades em que se encontrava, o Presidente-Pregador da Religião do Terceiro Milênio abria o Último Livro da Bíblia Sagrada e o estudava com o povo nos mais diversos ambientes: a céu aberto, na cantina, em auditórios, cozinhas, garagens... Dentre elas Brasília/DF; Belo Horizonte/MG; Curitiba/PR; Florianópolis/SC; Maringá/PR; Rio de Janeiro/RJ; São Paulo/SP; Glorinha/RS; e, no exterior, Londres, Inglaterra; Paris, França; Roma, Itália; Santa Maria de Arnoso — Porto, Portugal; Buenos Aires, Argentina; e Nova York, Estados Unidos.

O Apocalipse jamais marcou datas

Outro registro histórico se faz necessário. Às vésperas do ano 2000, o medo de que haveria um fim do mundo prevalecia em boa parte da sociedade, com forte repercussão na mídia, em geral, principalmente por apontamentos e múltiplas interpretações das sombrias e nebulosas centúrias de Nostradamus (1503-

1566). Contudo, nas décadas anteriores, o Irmão Presidente Paiva Netto já vinha pavimentando nas mentes e nas Almas a sólida mensagem do Apocalipse de Jesus para os Simples de Coração, com mais de 450 programas de rádio, sempre de improviso, além da TV, e pelas publicações impressas. Nas suas preleções, demonstrava a eternidade da Vida e, assim, retirava a ideia do término da existência e do fim do mundo, porquanto sobejamente defendia a Palavra Ecumênica do Cristo, que prometia Novo Céu e Nova Terra (Apocalipse, 21:1 a 8). Logo, a certeza de que o planeta não acabaria. Nessa ocasião, o Presidente-Pregador da Religião Divina bradava em evento legionário gigantesco, o **Réveillon Espiritual Jesus**, no Templo da Boa Vontade, em Brasília/DF, Brasil, diante de cerca de 200 mil pessoas:

— *Bem-vindo, ano 2000!*

Dessa forma, o Irmão Paiva defendeu a mensagem soberana do Provedor Celeste, acima de qualquer outro ser humano, por mais bem-intencionado que estivesse.

E todos se recordam de que o Apocalipse, naqueles dias, não foi perseguido nem maltratado na mídia, pois o Presidente-Pregador da Religião Divina, em um esforço incessante e incansável, trouxe à luz o real sentido da Visão Profética do Mestre e demonstrou que o Livro da Revelação jamais definiu uma data para os acontecimentos derradeiros na humanidade. Muito pelo contrário, já aprendemos que ele é um processo em andamento, que vem por séculos e milênios numa contínua construção humana. Ou seja: efeito da ação e reação de quem o produz, nesse caso, todos os seres reencarnados. E só Deus pode determinar os acontecimentos mais profundos e transformadores na transição dos tempos.

Por toda a absoluta devoção do Líder das Instituições da Boa Vontade ao Cristo Salvador, que tive a honra de, em incontáveis ocasiões, presenciar, faço questão de render homenagens sinceras a esse guardião maior dos fatos transcritos no Apocalipse de Jesus. O autor de tantos *best-sellers* dedicados ao Divino Mestre cumpre seu desiderato de testemunha mártir na missão excelsa de proclamar e promover o Bem e a Paz, todo o tempo, e de **unir a humanidade sofredora da Terra à Humanidade Vitoriosa Celestial**.

Salve, Irmão Paiva!, por nos abrir os olhos espirituais para as verdades sublimes *"do livro mais feliz da História da humanidade"*, no dizer de Alziro Zarur (1914-1979), saudoso Proclamador da Religião de Deus, do Cristo e do Espírito Santo!

Excelente leitura a todos!

Paiva Netto (ao microfone) traz ao povo a pregação de "O Apocalipse de Jesus para os Simples de Coração" na antiga cantina da Boa Vontade, do Instituto de Educação da LBV, em São Paulo/SP. Na foto, entre diversos Cristãos do Novo Mandamento de Jesus, também podemos ver, da direita para a esquerda, os saudosos Irmãos Jacyra Alves Gonzaga do Monte (1927-2012) e Walter Periotto (1936-2023), fiéis e veteranos Legionários da Boa Vontade de Deus.

A ESCOLHA DA CAPA

Academia Jesus, o Cristo Ecumênico, o Divino Estadista

Particularmente desafiante foi apresentarmos ao caro leitor, à prezada leitora uma capa que melhor retratasse a simbologia presente nas Cartas de Jesus às Igrejas da Ásia, em especial, neste tomo dedicado a Éfeso. Neste volume, trouxemos a pedido do Presidente-Pregador da Religião de Deus, do Cristo e do Espírito Santo, José de Paiva Netto, belíssima representação do Supremo Governante do planeta Terra, cujo fulgor de Sua Alma banha de imensa claridade o mundo e simboliza o sinal místico da Volta Triunfal do Salvador. Ao redor do Divino Mestre, sob o Seu Abençoado Comando, estão as Sete Estrelas, que são os Sete Anjos das Sete Igrejas, e os Sete Candeeiros de Ouro, que correspondem às Sete Igrejas.

A montagem artística foi feita pelo Legionário da Boa Vontade João Periotto, a partir da tela "A Bênção", do saudoso pintor alagoano Sátyro Marques (1935-2019), que integra o acervo da Galeria de Arte do Templo da Boa Vontade, em Brasília/DF, Brasil, Sede Espiritual da Religião de Deus, do Cristo e do Espírito Santo.

Os elementos espirituais descritos nos foram revelados pelo Excelso Pegureiro no Livro das Profecias Finais (1:20), e também são mencionados aos seguidores de Éfeso (2:1 e 5), consoante estudaremos com o escritor Paiva Netto ao longo das páginas desta obra. Veremos que representar os Anjos, os Espíritos de Deus, como estrelas é uma maneira singular de se referir à presença do Cristo entre Suas Igrejas, visto que essas Almas Benditas foram mandadas aos Candeeiros (as Igrejas) e, por vezes, reencarnaram no seio daquelas comunidades do Cristianismo nascente, de modo que os seus exemplos de perseverança, obstinação, pertinácia nos Caminhos do Cristo fossem seguidos.

Quanto aos Candeeiros caracterizarem as Igrejas, logo nos lembramos do papel dessas luminárias, objetos utilizados no passado para que as trilhas, as casas fossem clareadas pela bruxuleante chama de seus pavios. E é essa **a missão que a Igreja de Deus tem na vida do fiel discípulo do Educador Celeste: iluminar as sendas para o entendimento das Verdades Eternas**.

Muitas outras simbologias serão retratadas nas capas desta série de 7 livros a respeito das Cartas de Jesus às

Igrejas da Ásia, para que também por elas enxerguemos, dentro da Didática Divina, como é importante abrirmos o coração e a mente para tão elevados ensinamentos.

Portanto, prezadas leitoras, estimados leitores, a capa em si é também uma pregação ecumênica e de Paz do Apocalipse de Nosso Senhor Jesus Cristo aos Simples de Coração!

MMVII

RELIGIO DEI

ACADEMIA IESVS CHRISTVS OECVMENICVS

IESVS LVX MVNDI

APRESENTAÇÃO DA ACADEMIA JESUS, O CRISTO ECUMÊNICO, O DIVINO ESTADISTA

Damos início a mais uma jornada pelas páginas do Redentor Apocalipse de Nosso Senhor Jesus Cristo. Na esperança de contribuir para o entendimento de todos acerca do Último Livro da Bíblia Sagrada, a Academia Jesus, o Cristo Ecumênico, o Divino Estadista, apresenta esta imprescindível obra, nascida da popular série radiofônica "O Apocalipse de Jesus para os Simples de Coração". Ela foi levada ao ar pela primeira vez pelo jornalista, radialista e escritor José de Paiva Netto, Presidente-Pregador da Religião de Deus, do Cristo e do Espírito Santo, entre 27 de outubro de 1990 e fevereiro de 1992, com suas profundas análises do Texto Sagrado, alcançando a marca de mais de 450 programas. Posteriormente, deu origem a uma coleção ecumênica de livros, com o mesmo nome. Nesta atual coletânea que se inicia, foram reunidas as explicações sobre relevante e motivador tema: **as Cartas de Jesus às Sete Igrejas da Ásia**. Elas se encontram nos capítulos 2 e 3 do Livro da Revelação, recebido por João Evangelista no final do primeiro século da Era Cristã, quando, nonagenário, estava exilado na ilha de Patmos, *"por causa da Palavra de Deus e do Testemunho de Jesus Cristo"* (Apocalipse, 1:9).

Com mais este trabalho, a Academia Jesus, o Cristo Ecumênico, o Divino Estadista — fundada pelo Líder da Religião do Amor Universal, em 1º de fevereiro de 2007 —, dá prosseguimento à consagrada coleção mencionada, que transporta do rádio para as letras a luminosa lide de confortar e esclarecer as Almas. São milhões de livros vendidos que impactam de maneira transformadora a vida de seus espiritualmente afortunados leitores e leitoras.

Aliás, não podemos nos esquecer do gabarito que a Religião do Terceiro Milênio possui na explanação dos elevados assuntos constantes do Livro da Revelação, uma vez que encontramos no DNA das Instituições da Boa Vontade (IBVs)[1] essa marcante bandeira de vanguarda na radiodifusão brasileira, como revela Paiva Netto no quinto documento de "Administrar sob a Proteção de Deus":

---

[1] **Instituições da Boa Vontade (IBVs)** — Formadas pela Legião da Boa Vontade (LBV); pela Religião de Deus, do Cristo e do Espírito Santo; pela Fundação José de Paiva Netto; e pela Associação Educacional Boa Vontade.

O Ideal da Boa Vontade sempre sobreviverá, *porque tem o seu corpo místico iluminado por uma* ***inegável natureza realista que desce de Deus,*** *tal qual a Nova Jerusalém, visto que incorpora em si mesmo Novo Céu e Nova Terra.*

Jesus, *o Supremo Governante da Nova Jerusalém,* ***é a certeza imortal de dias melhores, mais solidários.*** *Em Suas mãos potentes tremula o lábaro do Terceiro Milênio*[2] *da Esperança.*

Esse trabalho, que ***teve início com a pregação do Apocalipse, em 1949****, surgiu clareado por um forte otimismo, porquanto Alziro Zarur (1914-1979), o Fundador da LBV, não apresentou o Livro das Profecias Finais como o anúncio trágico de fim de mundo, mas, sim, como realmente ele é: o aviso renovado de uma grande transição, em que* "a cada um será dado de acordo com as suas próprias obras" *(Evangelho, segundo Mateus, 16:27, e Apocalipse de Jesus, 22:12). Não se trata, pois, do "fim da Terra", porém do encerramento de uma era que não tem mais como continuar. O desamor reina em demasia.*

É, portanto, com enorme júbilo que reunimos nas páginas desta nova coleção dentro da coleção uma an-

---

[2] **Nota de Paiva Netto**

Terceiro milênio — Mas que ninguém se esqueça de que o terceiro milênio tem mil anos. Tempo suficiente para que muitas dessas dificuldades sejam resolvidas.

tiga promessa: em 19 de janeiro de 1991 (sábado), enquanto apresentava uma de suas fraternas preleções feitas sempre de improviso com o povo, Paiva Netto prometeu transformar em livros as explicações relativas às sete missivas do Cristo às Igrejas da Ásia. Ao longo dos anos, elas foram sendo separadas em pastas com diversas matérias afins, a exemplo de pesquisas históricas, além de artigos, páginas, circulares que ele escreveu por décadas e outros trechos de palestras pela Super Rede Boa Vontade de Comunicação (rádio, TV, internet e publicações)[3]. Buscamos preservar e imprimir no papel a linguagem despojada que ele traz em suas pregações, compondo um estudo ecumênico da Quarta Revelação, em Espírito e Verdade, à luz do Novo Mandamento do Cristo — *"Amai-vos como Eu vos amei. Somente assim podereis ser reconhecidos como meus discípulos. (...) Não há maior Amor do que doar a própria vida pelos seus amigos"* (Evangelho, segundo João, 13:34 e 35; e 15:13).

Como resultado do material reunido, organizaremos o conteúdo em sete volumes, pois não seria viável agrupar tudo em apenas um, visto que necessitaríamos

---

[3] **Super Rede Boa Vontade de Comunicação** — Formada pela Boa Vontade TV, pela Super Rede Boa Vontade de Rádio, pelos portais BoaVontade.com e ReligiaodeDeus.org, pelo aplicativo Boa Vontade Play e pelas revistas BOA VONTADE e JESUS ESTÁ CHEGANDO! Para outras informações, acesse www.BoaVontade.com.

de um compêndio com mais de 2.000 páginas para expor o que até agora foi catalogado.

Nesse estudo, percorreremos com Paiva Netto, sem pressa, cada uma das Sete Igrejas da Ásia, versículo a versículo, com a reverência indispensável, pois o assunto é de suma importância para a nossa sobrevivência, sobretudo pelo fato de Seu Divino Autor ser nosso Mestre Jesus.

No primeiro tomo, nosso foco será Éfeso.

Conforme explica Paiva Netto, de um modo amplo, todas as Cartas do Cristo representam bendita mensagem atemporal que, servindo às localidades da época, também, nos dias de hoje, é decisiva a todos os cristãos, estendendo-se aos que pertencem às inúmeras tradições religiosas espalhadas pelo mundo, ou ainda a quem nenhuma crença possua. Guiados pelo Presidente-Pregador da Religião Divina, investigaremos o contexto espiritual e cultural de cada uma dessas comunidades: as virtudes, os defeitos, as promessas, as advertências e os significados simbólicos e proféticos. Compreenderemos como tudo isso se relaciona com outras passagens do Apocalipse e demais trechos bíblicos, que esclarecem o propósito do Bom Pastor para o Seu Rebanho Ecumênico. Afinal, **todo o Texto Sagrado está interligado, desde a Gênese até o Livro da Revelação**, conforme nos esclarece o Líder da Juventude Ecumênica da Boa Vontade de Deus.

Que, juntos, saiamos fortalecidos desta jornada espiritual, com a Fé Realizante e a Perseverança em Jesus renovadas, para enfrentarmos as adversidades do caminho no testemunho à Palavra de Deus, isto é, na prática do Amor Fraterno, do Bem, da Caridade Completa, da Generosidade da Alma, sem jamais desistir. Assim, alcançaremos a glória prometida pelo Cristo:

> — *Eis que venho sem demora, e comigo está o galardão que tenho para retribuir a cada um segundo as suas obras* (Apocalipse, 22:12).

Os Tempos chegaram!

Samotrácia
Mar de Mármara
Abidos
Nicéia
Prusa
Mísia
Trôade
Helesponto
Assôs
Adramítio
Dorileu
Mitilene
Lesbos
PÉRGAMO
Ásia
TIATIRA
Ápia
Quios
Frígia
ESMIRNA
SARDES
FILADÉLFIA
Antioquia da Pisídia
ÉFESO
Samos
Magnésia
Hierápolis
LAODICEIA
Colossos
Mileto
Patmos
Panfília
Cós
Cós
Cária
Atália
Perge
Cnido
Rodes
Xanto
Patara
Lícia
Rodes
Mirra
Mar Mediterrâneo
Salmona
AS SETE IGREJAS DA ÁSIA
Escala em Milhas

João Evangelista, exemplo de perseverança e de bom companheirismo.

INTRODUÇÃO ÀS SETE IGREJAS DA ÁSIA

***Academia Jesus, o Cristo Ecumênico, o Divino Estadista** — Para iniciarmos nosso estudo sobre cada Carta de Jesus às Igrejas que estão na Ásia, Paiva Netto nos convida a compreendermos, em Espírito e Verdade, à luz do Novo Mandamento do Cristo, o extenso significado dessas Sublimes Mensagens do Divino Pegureiro a toda a humanidade. Em suas prédicas para os Simples de Coração, ele nos recorda do que João, o Evangelista-Profeta, descreve acerca do contexto em que ele se encontrava quando recebeu, por intermédio de um Anjo, a Revelação de Jesus:*

> *9 Eu, João, irmão vosso e companheiro na tribulação, no reino e na perseverança, em Jesus, **encontrei-me na ilha chamada Patmos, por causa da Palavra de Deus e do Testemunho de Jesus Cristo**.*

> 10 ***Achei-me em Espírito, no Dia do Senhor,*** *e ouvi por detrás de mim* ***uma grande voz, como de trombeta,***
>
> 11 *que me dizia:* ***O que vês escreve em livro e manda às Sete Igrejas que estão na Ásia: Éfeso, Esmirna, Pérgamo, Tiatira, Sardes, Filadélfia e Laodiceia.***
>
> (Apocalipse, 1:9 a 11)

A ilha de Patmos tem aproximadamente 16 quilômetros de comprimento e estava distante cerca de 100 quilômetros de Éfeso, a primeira comunidade citada nas Luminosas Missivas. Conforme aprenderemos, a ordem das mensagens não é aleatória. Elas abrangem uma sequência espiritual, moral e geográfica, que esta Grande Voz, que é Jesus, dita. Ao olharmos para o mapa da região, notamos que as Igrejas se situam na rota das principais estradas do Império Romano, facilitando a transmissão das Diretrizes Celestes expressas pelo Divino Provedor a cada localidade. Elas também configuram um ciclo no sentido horário, que se inicia em Éfeso, percorre as demais cidades, se encerra em Laodiceia e recomeça em Éfeso. O formato de Carta era um modo muito usual e eficaz de comunicação à época — tempos bem diferentes de hoje, com tantos avanços tecnológicos e inúmeros meios de velozmente se difundir um aviso.

Na popular série radiofônica "O Apocalipse de Jesus para os Simples de Coração", Paiva Netto aclara nossa visão sobre o amplo sentido de Igreja:

Quanto ao conceito de Igreja

Quando o Apocalipse se refere a Igrejas, não se pode imaginar que sejam os veneráveis templos de pedra aos quais estamos acostumados a admirar. Naquele período, o que existia eram pequenas congregações que geralmente se formavam em lares, por afinidade ao Santo Evangelho do Cristo. Com o passar dos anos, elas iam crescendo, com mais e mais corações sendo tocados pela Palavra de Deus.

Alziro Zarur

O saudoso Proclamador da Religião do Terceiro Milênio, Irmão Alziro Zarur (1914-1979), nas suas pregações, citava os versículos iniciais da Epístola de Paulo a Filêmon (1:1 a 3), para ilustrar esse ponto:

Paulo Apóstolo

> [1] *Paulo, prisioneiro de Cristo Jesus, e o irmão Timóteo, ao amado Filêmon, também nosso colaborador,*

Timóteo

2 *e à irmã Áfia, e a Arquipo, nosso companheiro de lutas,* ***e à igreja que está em tua casa,***
3 *Graça e paz a vós outros, da parte de Deus, nosso Pai e do Senhor Jesus Cristo.*

Então, Igreja aqui são esses agrupamentos, isto é, as partes dos diversos redis que virão a se consolidar no Rebanho Ecumênico de Nosso Senhor Jesus Cristo. Daí a Religião do Amor Universal ter criado as suas Igrejas Familiares[4], que são de supremo valor para a nossa segurança durante os momentos críticos da grande transformação que já está sobre a Terra, porque os Tempos chegaram. Diante disso, o que somos nós aqui agora reunidos em torno dessa análise fraterna e ecumênica? **Somos uma Igreja de Jesus!** Já lhes afirmei que **o altar preferido por Deus para Seu culto é o coração e a mente humanos**.

Onde estão as Sete Igrejas na atualidade?

Academia Jesus, o Cristo Ecumênico, o Divino Estadista *— No primeiro século da Era Cristã, quan-*

---

4 **Igrejas Familiares da Religião Divina** — No primeiro volume das *Sagradas Diretrizes Espirituais da Religião de Deus, do Cristo e do Espírito Santo* (1987), de autoria de Paiva Netto, recorram à leitura do subtítulo "Igrejas Familiares no Lar".

do o Evangelista-Profeta João transcreveu tudo o que viu e ouviu, existiam mais do que Sete Igrejas na Ásia Menor. Será que as instruções de Jesus foram endereçadas somente àquelas comunidades do Cristianismo nascente? Evidentemente que não!

O Presidente-Pregador da Religião do Amor Universal chama a atenção para o fato de que

O Cristo não mandaria um recado tão especial de salvação das Almas — de lições para nos conduzirmos direito na vida, sobrevivermos às lutas diárias — exclusivamente para os povos daquelas pequenas cidades. Elas hoje seriam até minúsculas perto desses portentos que existem, com milhões de habitantes. Logo, também com uma infinidade de problemas de ordem social para serem resolvidos, a partir do Espírito.

No entanto, Jesus escolheu estas localidades específicas para retratar coletivos universais, destinando-lhes, em qualquer tempo, a Sua Palavra de Amor Fraternal. Por essa razão, na atualidade, elas vão muito além do relato verdadeiro da conduta daqueles grupos, que tiveram o seu propósito histórico. Cada uma dessas Igrejas possui um significado que é dinâmico e representa, no passar dos séculos, estágios de progresso do comportamento espiritual-humano que transcendem as comunidades cristãs, porque o Libertador Divino se dirige a todos os povos e nações.

Ressalte-se que sete é um número simbólico, sendo considerado por alguns estudiosos como o da perfeição. Esse algarismo também caracteriza sete ciclos temporais proféticos que se repetem sucessivamente ao longo do tempo na História do planeta. No presente, estamos enquadrados na Igreja de Laodiceia, que é a Igreja do Fim dos Tempos ou do Juízo Final. Entretanto, devemos nos esforçar para viver sob as benesses da abrangência da Igreja de Filadélfia, a do Amor Fraternal.

Carregamos as próprias Igrejas em nosso íntimo

***Academia Jesus, o Cristo Ecumênico, o Divino Estadista** — Em* Somos todos Profetas *(1991), Paiva Netto explicitou que*

As Sete Igrejas da Ásia igualmente simbolizam os diversos graus de entendimento e vivência espiritual em que se encontra cada ser humano, de acordo com sua afinidade de sentimento. Na verdade, elas existem, em diferentes gradações, dentro de nós mesmos. Nelas, Jesus aponta qualidades e defeitos, advertindo, pedindo fidelidade e exortando à prática das Boas Obras originárias da Fé Realizante[5].

As áreas do saber espiritual-humano

Por conseguinte, cada comunidade da Ásia indica as várias etapas da evolução espiritual da humanidade. Isso não quer dizer que esse avanço esteja restrito à Religião. Pelo contrário, a Doutrina do Cristo inspira também o desenvolvimento nos terrenos da Economia, da Política, da Filosofia, da Ciência, da Arte, do Esporte, da Educação, da Saúde, do Trabalho e assim por diante, mas tudo partindo da imprescindível Espiritualidade Ecumênica, que é **a Ética Divina iluminando a ética humana**. Ademais, o recado de nosso Mestre demonstra que o Mundo Espiritual permeia o material, prepondera sobre ele e governa seu destino.

Ásia — o útero das Religiões

Portanto, a Mensagem de Jesus às Sete Igrejas da Ásia, **o útero das Religiões do mundo** e campo de origem e

---

[5] **Fé Realizante** — Terceiro dos quatro estágios evolutivos da Fé, conforme define a Religião de Deus, do Cristo e do Espírito Santo: 1) Fé Raciocinada (Allan Kardec); 2) Fé Raciocinante (Alziro Zarur); 3) Fé Realizante (Paiva Netto); e 4) Fé que Diviniza, ou Divinizante (Paiva Netto). *Vide* "Os Estágios Progressivos e Divinizantes da Fé" no segundo volume das *Sagradas Diretrizes Espirituais da Religião de Deus, do Cristo e do Espírito Santo* (1990), do escritor Paiva Netto.

experiência de muitas ideologias, fala a todos os planos do conhecimento espiritual e humano. Daí ser tão abrangente a pregação da Religião Divina, a ponto de expressar que o Rebanho Ecumênico do Cristo de Deus não é formado apenas por seres encarnados e desencarnados, mas igualmente por aquilo que produzem de bom e que são eles em sua essência, na Religião, na Ciência, na Política, na Filosofia, na Arte, no Esporte, na vida doméstica, na pública etc. Todos esses ramos do saber são ovelhas que o Boníssimo Pegureiro apascenta para Seu redil universalista. Com efeito, isso inclui seus pensamentos, a parte boa, o aproveitável, aquilo que está em consonância com a Verdade de Deus, que promove a Liberdade Espiritual e Humana, como ensina Jesus no Seu Evangelho — *"Conhecereis a Verdade* [de Deus], *e a Verdade* [de Deus] *vos libertará"* (Evangelho, segundo João, 8:32).

Essa parte apreciável sempre ouvirá a palavra amiga do Cristo, porque se afina com a Sabedoria Celeste que redime a criatura.

As Missivas endereçadas às Igrejas da Ásia exaltam a resplandecente Face e a Excelsa Majestade do Supremo Comandante da Terra, que nos capacita com a Sua Graça e com o Seu Poder: nos constituiu reino e sacerdotes para o Seu Deus e Pai (Apocalipse, 1:6).

VISÃO GERAL DAS SETE IGREJAS DA ÁSIA

***Academia Jesus, o Cristo Ecumênico, o Divino Estadista** — A compreensão dos ensinamentos contidos nas Sete Igrejas da Ásia é essencial para aplicarmos o discernimento do Apocalipse aos nossos dias. Elas demonstram como Jesus nos avalia e nos orienta diante dos desafios e das oportunidades do nosso tempo, se quisermos ouvir-Lhe as admoestações.*

Paiva Netto sintetiza para todos nós a Sabedoria Augusta eternizada nessas Cartas de Esperança:

O galardão, as promessas, as quedas, as remissões

Fica evidente que o Sublime Pedagogo deste planeta nos conhece por dentro e por fora: **sonda rins e corações** (Apocalipse, 2:23); que Ele pesa os nossos atos e intentos: **conhece as nossas obras** (Apocalipse,

2:2). O Divino Amigo nos acolhe com o Amor Eterno e Incondicional: **nos amou e nos libertou dos nossos pecados com o Seu sangue** (Apocalipse, 1:5); nos corrige com uma disciplina sábia e fraterna, ainda que enérgica: **repreende e castiga a todos quantos ama** (Apocalipse, 3:19); e nos convida ao arrependimento e à comunhão com Ele: **está à porta e bate** (Apocalipse, 3:20).

As Missivas endereçadas às Igrejas da Ásia exaltam a resplandecente Face e a Excelsa Majestade do Supremo Comandante da Terra, que nos capacita com a Sua Graça e com o Seu Poder: **nos constituiu reino e sacerdotes para o Seu Deus e Pai** (Apocalipse, 1:6); nos abre as portas que ninguém pode cerrar: **é Aquele que tem a chave de Davi, que abre, e ninguém fecha, e que fecha, e ninguém abre** (Apocalipse, 3:7); nos protege dos momentos de prova que atingirão a humanidade: **Eu te guardarei da hora da tormenta que há de vir sobre o mundo inteiro** (Apocalipse, 3:10).

As Cartas às Igrejas da Ásia manifestam igualmente que o Provedor Justo nos recompensa com a Sua Glória e a Sua Eterna Herança: **nos dará a coroa da vida** (Apocalipse, 2:10) e **nos fará colunas do Templo de Seu Pai** (Apocalipse, 3:12); nos oferta um alimento perene: **o maná escondido** (Apocalipse, 2:17) e a **Árvore da Vida Eterna, que produz doze frutos, um para cada mês** (Apocalipse, 2:7; e 22:2); nos afasta do sofrimento mais atroz: **de nenhum modo, sofreremos**

o dano da segunda morte (Apocalipse, 2:11); permite que exerçamos o poder justo: **nos dá autoridade sobre as nações** (Apocalipse, 2:26).

Prestar fidedigno testemunho dos ensinamentos do Cristo encaminhados às Suas Igrejas nos habilita — se perseverantes formos aos compromissos assumidos nos Céus — a **trajar as vestes brancas e ter o nome inscrito no Livro da Vida Eterna** (Apocalipse, 3:5), **ter escrito sobre si o nome de Deus e o nome da Cidade Divina** (Apocalipse, 3:12) e **se assentar com Ele no Seu trono de glória** (Apocalipse, 3:21).

Meu Deus! Quantas benesses!

Jesus escolheu estas localidades específicas [as Igrejas] para retratar coletivos universais, destinando-lhes, em qualquer tempo, a Sua Palavra de Amor Fraternal. (...) Cada uma dessas Igrejas possui um significado que é dinâmico e representa, no passar dos séculos, estágios de progresso do comportamento espiritual-humano que transcendem as comunidades cristãs, porque o Libertador Divino se dirige a todos os povos e nações.

BREVIÁRIO

***Academia Jesus, o Cristo Ecumênico, o Divino Estadista** — Neste breviário sobre as Sete Igrejas da Ásia, Paiva Netto nos oferece uma síntese com as principais características destacadas pelo próprio Cristo a respeito de cada uma delas:*

Éfeso: a Igreja do retorno à Primeira Caridade (Apocalipse, 2:1 a 7)

Após se apresentar como Aquele que conserva na mão direita as sete estrelas e que anda no meio dos sete candeeiros de ouro, Jesus reconhece as qualidades dos Seus adeptos em Éfeso. Em especial, a perseverança nas provações e a capacidade de perceberem que havia no círculo social deles alguns que se diziam apóstolos, mas não eram. A principal advertência do Cristo é para o fato de terem abandonado a Primeira Caridade. Ele, então, os exorta a se arrependerem e voltarem à prática das primeiras obras. Caso contrário, removeria o candeeiro deles, isto é, perderiam a Luminosidade Espiritual. Ao vencedor — ou seja, a todo aquele que alcança a vitória em Cristo Jesus —, a promessa de comer dos frutos da Árvore da Vida Eterna, que se encontra no paraíso de Deus.

Esmirna: a Igreja do sacrifício
(Apocalipse, 2:8 a 11)

Nesta Igreja, o Excelso Benfeitor não dará destaque a nenhuma repreensão, pois preparará Seus seguidores para momentos de extremo sacrifício que viriam pela frente. Ele se revela como o Primeiro e o Último, que esteve morto e tornou a viver, e exalta a riqueza espiritual que aquelas Irmãs e aqueles Irmãos conquistaram. Traz Seu incentivo e conforto diante da tribulação de dez dias, que os colocaria à prova, por má ação daqueles que se intitulam apóstolos, mas não são, aos quais Ele chama de templo de satanás. Mas promete a coroa da vida aos que, até à morte, se mantivessem fiéis. Com isso, o vencedor jamais passará pelo dano da segunda morte, a espiritual.

Pérgamo: a Igreja do combate à corrupção espiritual
(Apocalipse, 2:12 a 17)

Aqui, a Mensagem de Jesus é sobre o combate à corrupção espiritual. O Sublime Estratego é anunciado como Aquele que tem a espada afiada de dois gumes. Ele reconhece que a Igreja vive onde está o trono de satanás, ou seja, em meio à idolatria, à devassidão e à maldade humana. O Divino Pedagogo a lisonjeia por não negar o Seu Nome nem a Sua Fé, mesmo quando Ântipas, uma das Suas fiéis testemunhas, foi martirizado. Entretanto, Jesus repreende-a por tolerar alguns que seguiam as doutrinas de Balaão e dos nicolaítas, que induziam o povo a comer coisas sacrificadas aos ídolos e a praticar a luxúria. O Chefe Supremo ordena a todos que se arrependam desses costumes. Senão, Ele viria em breve e pelejaria contra eles com a espada da Sua boca. Ao vencedor o Mestre assegura o maná escondido e uma pedrinha branca, com um nome novo escrito sobre ela, que ninguém conhece, exceto aquele que o recebe.

Tiatira: a Igreja impenitente
(Apocalipse, 2:18 a 29)

Para Tiatira, Jesus se mostra com Sua Força e Autoridade Divina: o Filho de Deus, que tem os olhos como chama de fogo e os pés semelhantes a bronze polido. Em Sua Carta, Ele a saúda por suas ações de Caridade e Perseverança, sendo as recentes obras mais numerosas que as anteriores. Porém, a reprova por tolerar a má influência de uma falsa profetisa, chamada Jezabel, que seduzia os servos de Deus a praticarem a idolatria e a prostituição de toda espécie. O Irrepreensível Juiz declara que a julgaria e sentenciaria, bem como aos seus seguidores, com grande tribulação. Isso porque lhes deu tempo para que fizessem penitência de suas torpezas, todavia mantiveram postura malsã. Jesus exorta os demais membros dessa Igreja, os que não seguem essa enganadora doutrina, a continuarem firmes na Fé e na Verdade, e garante que não irá impor sobre eles outra carga. Ao vencedor concederá autoridade e poder sobre as nações e a Estrela da Manhã (a Estrela Dalva) — o próprio Cristo de Deus.

Sardes: a Igreja que estava morta
(Apocalipse, 3:1 a 6)

Esta é uma das mais severas advertências de Jesus, demonstrando a necessidade de se manter viva a Fé Realizante, evitando a superficialidade espiritual. O Fiel Administrador aparece como Aquele que possui os Sete Espíritos de Deus e as sete estrelas. Ele denuncia que Sardes se disfarça sob uma grande mentira: diz que tem nome de que vive, mas está morta. Ou seja, é aparentemente piedosa, no entanto as obras que pratica espelham uma realidade diferente, tanto que o Cristo afirma que elas não são íntegras diante de Deus. Por isso, lhe ordena que se lembre da Palavra Divina, que recebeu e ouviu, e se corrija. Caso contrário, se não houver vigilância, Ele virá como um ladrão, isto é, se levantará contra aquele povo sem prévio aviso. Contudo, o Bondoso Amigo reconhece haver alguns nessa cidade que não contaminaram as suas vestiduras e exalta aqueles que persistiram na fidelidade. Ao vencedor, Jesus promete cingi-lo de vestes brancas e não apagar seu nome do Livro da Vida Eterna, confessando o nome dele diante do Pai Celestial e de Seus Anjos.

Filadélfia: a Igreja do Amor Fraternal
(Apocalipse, 3:7 a 13)

Trata-se da mais encorajadora das Sete Cartas do Cristo. Esse é o estado espiritual a que todos devemos nos integrar plenamente. Jesus é o Santo, o Verdadeiro, Aquele que tem a chave de Davi, que abre, e ninguém fecha, e que fecha, e ninguém abre. É o Poder Soberano de descerrar os bons caminhos. Ele a elogia por ter guardado a Sua Palavra e não ter negado o Seu Nome, mesmo tendo pouca força. O Governante Celeste coloca diante dela uma porta aberta, que ninguém pode fechar, ou seja, uma oportunidade sem igual de avançar e pregar o Santo Evangelho, expandindo o Reino de Deus entre os povos. O Cristo Ecumênico, o Sublime Estadista, diz que fará com que aqueles que são templo de satanás, que se dizem apóstolos, mas não são, venham, se prostrem aos pés daquela Igreja e reconheçam que Jesus a ama. Ele encoraja a todos a perseverarem, guardarem o que têm, para que ninguém lhes tome a coroa, protegendo-os durante a tormenta que há de vir sobre o mundo inteiro. Ao vencedor fará coluna permanente do Templo de Deus e escreverá sobre ele o nome do Seu Deus, o nome da cidade do Seu Deus e o Seu Novo Nome.

Laodiceia: a Igreja do Fim dos Tempos
(Apocalipse, 3:14 a 22)

Também costumo chamá-la de a Igreja do Juízo Final, ou ainda a Igreja da porta fechada. Por isso, a Mensagem do Cristo a ela é muito austera. Ele se apresenta como o Amém, a Testemunha Fiel e Verdadeira, o Princípio da Criação de Deus. Afirma que aquela comunidade é morna, nem fria nem quente, e que Ele está prestes a vomitá-la da Sua boca. Ela se julga rica, abastada e que não precisa de coisa alguma, dentro da mais completa soberba. Todavia, na verdade, Ele a tem como miserável, pobre, cega e nua. O Senhor da Sabedoria aconselha a todos a comprar Dele ouro refinado pelo fogo, a trajar vestes brancas e a ungir os olhos com o colírio que Ele oferece, ou seja, a buscar viver a Fé genuína, a Justiça Perfeita, bem como os verdadeiros valores espirituais, portanto eternos. Jesus diz que repreende e castiga a quem ama, convidando a comunidade a se arrepender. O Hóspede Celeste está à porta e bate, então humildemente pede que a abramos para

Ele entrar e cear conosco. Ao vencedor, a Promessa do Cristo de se assentar com Ele no Seu trono de glória, da mesma forma que Ele venceu e se sentou com o Pai Celestial no Seu trono de glória.

* * *

Academia Jesus, o Cristo Ecumênico, o Divino Estadista — *Com essa ampla visão das Sete Igrejas da Ásia, vamos agora juntamente com Paiva Netto examinar uma por uma em pormenores, dando início à nossa jornada espiritual por Éfeso, sob a solene invocação feita por Nosso Senhor Jesus Cristo no encerramento de cada Carta:*

— Quem tem ouvidos de ouvir ouça o que o Espírito diz às Igrejas do Senhor.

CARTA DE JESUS À IGREJA EM ÉFESO

CARTA DE JESUS À IGREJA EM ÉFESO

(Apocalipse, 2:1 a 7)

1 Ao Anjo da Igreja em Éfeso escreve:
Estas coisas diz Aquele que conserva na mão direita
as sete estrelas e que anda no meio dos sete candeeiros de
ouro:
2 Conheço as tuas obras, assim o teu labor, como a tua
perseverança, e que não podes suportar os maus, e que
puseste à prova os que a si mesmos se declaram apóstolos e
não são, e os achaste mentirosos;
3 e tens perseverança, e suportaste provas por causa do
meu nome, e não te deixaste esmorecer.
4 Tenho, porém, contra ti que abandonaste a tua Pri-
meira Caridade.
5 Lembra-te, pois, de onde caíste, arrepende-te e volta à
prática das primeiras obras; se não, virei a ti e moverei do
seu lugar o teu candeeiro, caso não te arrependas.
6 Mas isto tens de bom: detestas as obras dos nicolaítas,
as quais eu também desprezo.

7 *Quem tem ouvidos de ouvir ouça o que o Espírito diz às Igrejas do Senhor. Ao vencedor darei a comer os frutos da Árvore da Vida Eterna que se encontra no paraíso de meu Deus.*

A COMUNIDADE DE ÉFESO

***Academia Jesus, o Cristo Ecumênico, o Divino Estadista** — Neste estudo ecumênico sobre as Cartas de Jesus às Suas Igrejas que se encontram na Ásia, vamos compreender as Sublimes Mensagens que o Divino Pastor enviou aos perseverantes na Fé e transcendê-las para os dias atuais. Cada uma dessas regiões com os seus integrantes apresenta características próprias e delas podemos extrair preciosas lições espirituais, que se ajustam a diferentes tempos, povos e nações.*

Paiva Netto, a princípio, mostra a relevância da localização geográfica de Éfeso — palavra que, segundo alguns pesquisadores, vem do grego e significa desejável —, a capital da província romana da Ásia, com quase 300 mil habitantes, onde o governador possuía residência oficial:

Éfeso era uma cidade cosmopolita, um entroncamento comercial, digamos assim, pois todo mundo circulava por ali. Sua singular posição na costa do Mediterrâneo (hoje Turquia) propiciava intenso tráfego de embarcações pelo seu movimentado porto, constituindo-se em valiosa via de afluência ao interior da Ásia Menor — daí ser ela a primeira das emblemáticas Sete Cartas endereçadas pelo Celeste Mensageiro, que não estão em ordem aleatória. Essa condição privilegiada a tornava rica e recebia, portanto, todo tipo de tradições. Olhem aí a função civilizadora e globalizante do comércio se manifestando naquele tempo, a exemplo da Rota da Seda, que expandiu o pensamento religioso de sua época.

No livro *O Capital de Deus*, com saudades, recordei--me de ensinamentos que o meu saudoso pai, Bruno Simões de Paiva (1911-2000), me transmitia quando eu ainda era jovem. Uma das coisas que nunca esqueci foi a menção à famosa Rota, conhecida desde os tempos do Império Romano, sendo uma das mais importantes durante a Idade Média. Com mais de 6 mil quilômetros, viabilizava as relações econômicas entre o Ocidente e o Oriente. Esse antigo roteiro comercial acabou transformando--se também em um corredor para a troca de ideias entre as duas faces do mundo. Os Irmãos budistas não perderam a oportunidade de difundir os princípios do Shakyamuni[6] para outros povos por meio das cir-

Bruno de Paiva

[6] **Shakyamuni** — Assim também é conhecido o Buda. Shakya é a região de onde proveio; Muni quer dizer "O Sábio".

Buda Shakyamuni

cunstâncias favoráveis que o formidável percurso lhes oferecia. Das eras mais remotas da História chega-nos o preceito de que o comércio detém um atributo civilizador. Basta ver que os negociantes fundaram inúmeros povoados ao longo dos trajetos, o que lhes proporcionou consequentemente o aumento dos seus ganhos, como nas viagens marítimas dos fenícios que inauguraram feitorias por onde passavam. No Brasil, tivemos o exemplo das Entradas e Bandeiras. Infelizmente, tudo regado a sangue, no lamentável banquete da violência. O ser humano ainda trilha caminhos distanciados do próprio bem, até que entenda constituir, ele mesmo, o Capital de Deus.

Residência de Maria Santíssima e Templo de Ártemis

Academia Jesus, o Cristo Ecumênico, o Divino Estadista *— Retomando o estudo de Éfeso, Paiva Netto nos explica:*

Havia naquele local um famoso templo dedicado à deusa grega Ártemis (ou Diana), apontado como uma das Sete Maravilhas do mundo antigo. Muitos se dirigiam até lá só para visitar esse monumento, que era o maior já construído. Com isso, vemos o papel da cultura, das artes, da arquitetura, da religiosidade no desenvolvimento, integração e aproximação dos povos.

Apesar de não haver registro histórico dos locais em que Maria Santíssima viveu após a ascensão do Divino Mestre, acredita-se que Éfeso tenha sido uma provável cidade onde estabeleceu moradia e desencarnou. Essa possibilidade foi considerada a partir das visões em sonho que a freira alemã Anna Catarina Emmerich (1774-1824) teve no início do século 19. Ela nunca estivera em Éfeso, porém descreveu a casa em que viu a Virgem Maria morar. Alguns anos depois, o padre francês Julien Gouyet afirmou ter localizado tal residência, a partir dos relatos mediúnicos publicados em livro, em um sítio arqueológico que ainda não havia sido escavado. O local foi primeiro visitado pelo Papa Leão XIII (1810-1903), em 1896, e, em 1951, o Papa Pio XII (1876-1958) declarou-o um lugar santo.

Anna Catarina Emmerich

Papa Leão XIII

Papa Pio XII

O Ministério de Timóteo em Éfeso

Paulo Apóstolo realizou várias viagens missionárias, dentre as quais duas a Éfeso — uma mais curta (Atos, 18:19 e 20) e outra por um período de cerca de três anos, por volta de 54 a 57 (Atos, 19) —, formando a primeira comunidade cristã dessa região. Ele designou Timóteo para cuidar daquele rebanho, pois **as ovelhas se dispersam quando não há quem as pastoreie**. Escreveu Paulo:

> [3] *Quando eu estava de viagem, rumo da Macedônia, te roguei, Timóteo, permanecesses ainda em Éfeso para admoestares a certas pessoas, a fim de que não ensinem outra doutrina,*
>
> [4] *nem se ocupem com fábulas e genealogias sem fim, que, antes, mais promovem discussões do que o serviço de Deus, na Fé.*
>
> (Primeira Epístola a Timóteo, 1:3 e 4)

Com a morte do imperador Domiciano (51-96), encerrou-se o exílio de João, o Evangelista-Profeta, na ilha de Patmos, onde recebeu, por intermédio de um Anjo, o Apocalipse de Jesus. Em Éfeso, foi residir e permaneceu até seu último dia encarnado. Foi o que anotou Irineu de Lyon (aprox. 130-202):

Irineu de Lyon

> — *Mas também a Igreja de Éfeso, fundada por Paulo e onde João continuou habitando até os dias de Trajano, é uma testemunha fiel da tradição apostólica.*

Não é sem motivo que foi a Éfeso que Jesus dirigiu Sua primeira Carta, visto que era uma espécie de porta de entrada para as demais Igrejas da Ásia.

Éfeso corresponde a um estado inicial dentro do ciclo profético-apocalíptico que cada uma das Igrejas representa. Daí o tema da Primeira Caridade (Apocalipse, 2:4) ser tão acentuado, pois se trata de uma comunidade que teve um contato direto com Apóstolos que conviveram com o Cristo.

JESUS SE APRESENTA À SUA IGREJA

***Academia Jesus, o Cristo Ecumênico, o Divino Estadista** — Na sequência, o autor da série "O Apocalipse de Jesus para os Simples de Coração" discorrerá, versículo a versículo, sobre a Carta do Divino Amigo aos efésios:*

> *1 Ao Anjo da Igreja em Éfeso escreve:*
> *Estas coisas diz Aquele que conserva na mão direita as sete estrelas e que anda no meio dos sete candeeiros de ouro.*
>
> (Apocalipse, 2:1)

O primeiro versículo — e isso também se verificará nas demais Cartas — é o Bom Pastor se apresentando com Sua Autoridade Divina, atestando ser o Verdadeiro Autor daquelas Missivas.

Éfeso corresponde a um estado inicial dentro do ciclo profético-apocalíptico que cada uma delas representa. Daí o tema da Primeira Caridade (Apocalipse, 2:4) ser tão acentuado, pois se trata de uma comunidade que teve um contato direto com Apóstolos que conviveram com o Cristo. E essa chama do despertar espiritual que nela se acendeu não poderia jamais ser apagada, apesar de todos os desafios que encontraria pela frente.

Disposição no cuidado ao semelhante

O saudoso Proclamador da Religião de Deus, do Cristo e do Espírito Santo, Alziro Zarur (1914-1979), em seus comentários sobre o Apocalipse, o Último Livro da Bíblia Sagrada, destaca a Misericórdia Divina, que valoriza cada um dos que se dedicam ao serviço missionário, às legítimas Causas do Amor Fraterno:

> — *Anjo da Igreja de Éfeso! Vejam vocês a Caridade de Nosso Senhor Jesus Cristo. Ele considera cada soldado Seu um Anjo no mundo. Vocês sabem quem era esse Anjo da Igreja de Éfeso? Era Timóteo! Discípulo dileto de Paulo Apóstolo. São Paulo teve a fidelidade de Timóteo durante mais de trinta anos. Mas, na Primeira Volta Cíclica do Apocalipse, é que esse Anjo foi Timóteo, depois tudo mudou. Como é que mudou? Porque também as Sete Igrejas muda-*

ram! Não é?! Hoje não são mais essas Sete Igrejas. ***As Sete Igrejas continuam no mundo.*** *Quais são? Onde estão?*

Sigamos permanentemente estudando e meditando a respeito das Sete Igrejas da Ásia, a fim de que o Espírito Santo abra ao nosso entendimento as grandes revelações espirituais dos nossos tempos; de modo a nos mantermos na Fé Realizante e na Perseverança em Jesus Cristo. Contribuição essa que deixo para as futuras gerações.

Pensem na honra que é ser reconhecido ou reconhecida pelo Senhor dos senhores como um Anjo! É assim que o Mestre Amado nos vê quando nos colocamos ao Seu dispor no verdadeiro cuidado com o semelhante. Isso serve tanto para o responsável por uma Igreja (do grego *ekklesia* e do latim *ecclesia*, que significa *assembleia*) como para um governante — afinal, costumo dizer que **a Política é, acima de tudo, um sacerdócio: o respeito fundamental ao cidadão**. E isso vale de igual maneira para um administrador, uma mãe, um pai, uma avó, um avô, um irmão mais velho, uma professora, um professor e assim por diante. **Ser um Anjo aos olhos de Jesus não é tão somente uma categoria de elevação espiritual**, que de fato existe, e é composta por seres de luz que nos acompanham, nos protegem, nos guiam, assim como faziam junto às Igrejas da Ásia. Mas é **também se devotar além das próprias**

limitações humanas no socorro ao próximo, porque o grande milagre que Deus espera dos seres espirituais e humanos é que aprendam a amar-se.

Ao encontro desse meu raciocínio, ouçamos a sabedoria que vem do Mundo Invisível, da lavra do Amigo e Irmão Flexa Dourada (Espírito), pela sensitividade do Cristão do Novo Mandamento Chico Periotto:

> — ***O primeiro conceito de Jesus sobre a santidade é a perseverança no Bem!***

As estrelas e os candeeiros

Alguém se lembra do significado das sete estrelas e dos sete candeeiros de ouro? Pois bem, está no capítulo primeiro do Apocalipse, versículo 20, na visão que João Evangelista teve de Jesus Glorificado. É o Cristo Quem revela e se revela:

> 20 *Quanto ao mistério das sete estrelas que viste na minha mão direita e aos sete candeeiros de ouro, as sete estrelas são os Sete Anjos das Sete Igrejas, e os sete candeeiros são as Sete Igrejas do Senhor.*

O Divino Pastor, portanto, conserva na Sua mão direita os Anjos das Igrejas. Ele os protege com Sua Destra Poderosa, Bendita, Justa e Amorosa. Compará-los a estrelas é demonstrar a referência que esses Espíritos

— encarnados ou desencarnados — exercem na vida das comunidades de Fé. Os corpos celestes têm servido de luz-guia para povos desde a Antiguidade até os dias atuais, seja para se localizar nas viagens, orientando o sentido que se está trilhando — Norte, Sul, Leste ou Oeste — ou simplesmente para oferecer luminosidade em meio à escuridão da noite. Observem a responsabilidade desses Anjos com suas Igrejas! **Atenção, pregadores ecumênicos da Religião de Deus, do Cristo e do Espírito Santo ao seriíssimo compromisso assumido com Jesus no cuidado com o Rebanho Ecumênico Dele!**

Pensem na honra que é ser reconhecido ou reconhecida pelo Cristo como um Anjo! É assim que o Mestre Amado nos vê quando nos colocamos ao Seu dispor no verdadeiro cuidado com o semelhante.

O FULGOR SUBLIME A NOS GUIAR

***Academia Jesus, o Cristo Ecumênico, o Divino Estadista** — Seguindo o estudo do versículo primeiro do capítulo segundo do Apocalipse, Paiva Netto deslinda:*

O Celeste Pegureiro anda no meio das Suas Igrejas, que estão simbolizadas pelos candeeiros. Este é o fiel cumprimento da Promessa de Jesus, quando esteve visivelmente entre nós:

> — *Onde houver dois ou mais reunidos em meu nome, aí estarei no meio deles* (Evangelho, segundo Mateus, 18:20).

E mais: uma antevisão do **Novo Céu** e da **Nova Terra** (Livro da Revelação, 21:1), que estão sendo construídos desde já pelas nossas boas ações no planeta:

— *Então, ouvi grande voz vinda do trono, dizendo: Eis aqui o Tabernáculo de Deus com os homens.* ***Deus habitará com eles. Eles serão Seu povo, e o próprio Deus, no meio deles, será o seu Deus*** (Apocalipse, 21:3).

Ora, Jesus afirmou ser UM com o Pai (João, 10:30). Portanto, ao transitar pelas Suas Igrejas, está se mostrando acessível a todos aqueles que O buscam de coração, alumiando-os com Sua Caridade e Seu Conhecimento Espiritual. Pois é evidente que esses candeeiros — pontos de luz que se acendem na humanidade — não são fonte primária: refletem seu fulgor a partir de Sagrada Fonte Luminosa, que é **o Cristo de Deus — a Divina Luz que não cria sombras**.

Logo, o que podemos concluir desse versículo primeiro? Quem escreve esta Carta à Igreja em Éfeso? **É Jesus!** E reconhecer isso é essencial, pois essas palavras ganham supina importância, visto que partem do Iluminado Educador com toda a Sua Majestade.

ADENDO

Jesus — a Divina Luz que não cria sombras

Academia Jesus, o Cristo Ecumênico, o Divino Estadista — *Faz-se oportuno reproduzir circular es-*

crita pelo Presidente-Pregador da Religião de Deus, do Cristo e do Espírito Santo, em 7 de dezembro de 1987 (segunda-feira), à 1h26 da madrugada, em São Paulo/SP, que está no espírito da Carta de Jesus à Igreja em Éfeso.

Paiva Netto incluiu essa página nos originais de seu livro O Diário de um Cristão do Novo Mandamento de Jesus*:*

Minhas Irmãs e meus Amigos, minhas Amigas e meus Irmãos, que se reúnem nas Igrejas Ecumênicas da Religião do Amor Universal,

Deus Está Presente!
Jesus Está Chegando!

Na amplíssima e abrangente Seara de Nosso Senhor Jesus Cristo no planeta Terra, **a Religião de Deus, do Cristo e do Espírito Santo e a Legião da Boa Vontade são o nosso apostolado**.

Reconheço os sacrifícios pessoais e íntimos sofrimentos de todos. Mas sois felizes, pois o verdadeiro discípulo do Fiel Amigo Jesus segue a estrada estreita que conduz à porta estreita (Lucas, 13:24) com os olhos firmados no extraordinário Luzeiro do Seu Ideal, e isso lhe é suficiente. **Essa Luz, que não cria sombras, bem sabeis Quem é.** Entretanto, nestes tempos apocalípticos, que darão *"a cada um de acordo com as suas próprias obras"* (Mateus, 16:27), desde o governado ao governante; do fiel ao sacerdote; do subordinado ao chefe, **é meu dever repetir para vós, sempre, o Seu Excelso Nome: Jesus!**

Dor — a Grande Mestra dos empedernidos

Escutai, escutai com atenção: **não vos canseis de seguir a Divina Luz. Sim, não vos canseis de segui-La.** De outra forma, estareis trilhando os trevosos caminhos que conduzem aos abismos da Dor. A Grande Mestra dos empedernidos se apresenta à humanidade, por ela mesma, humanidade, convocada para a definitiva lição que cumpre ser dada aos seres terrenos, impreterivelmente neste fim de ciclo apocalíptico.

Desafio apostolar

Sursum corda! Sursum corda! — Elevai os vossos corações! Elevai os vossos corações!

Lembrai-vos sempre de que, junto à vossa Alma, incontáveis Amigos, Irmãos Espirituais da Religião de Deus, do Cristo e do Espírito Santo e da Legião da Boa Vontade de Cima, isto é, do Astral Superior, da Gloriosa Falange de São Francisco de Assis, incessantemente cooperam com acendrado zelo pelo integral desempenho de vossos nobilíssimos deveres espirituais para com o Brasil e a humanidade.

Não vos esqueçais de que fostes escolhidos pelo Senhor da Terra, Jesus, que, **ao vos mandar nesta encarnação ao solo abençoado deste país, como vanguardeiros de um mundo melhor**, o fez por confiar em vós. E, assim, permanece acompanhando-vos com desvelo de Pai, Pai constantemente disposto a estender Suas Mãos Sagradas aos queridos de Seu Espírito nos momentos de luta apostolar.

Infraestrutura Espiritual

Das nações aproxima-se a tormenta derradeira anunciada desde o Antigo Testamento da Bíblia Sagrada.

Nada deveis temer, nada! Continuai no vosso labor. Tenho consciência de que espiritualmente compreendeis a vossa imensa responsabilidade, desde o mais jovem dos Soldadinhos de Deus, da LBV, ao mais veterano Legionário da Boa Vontade do Cristo. **Sim, os da Boa Vontade do Cristo!**

A sementeira da Religião do Amor Universal e da LBV, desde o seu saudoso Fundador, o Irmão Zarur, sempre presente entre nós até os dias que correm, tem se erguido a grandeza tamanha, que anima os nossos corações, **não obstante muitíssimo ainda terdes que realizar**. É vosso compromisso. A estrutura está aí, a infraestrutura também, firmadas na

Rocha Firme, que é Jesus, portanto, a **Infraestrutura Espiritual**!

A tarefa dos milênios — reacender a chama do Cristianismo do Cristo

Guardai em vossos corações, generosos corações, esta palavra de quem vos ama: **conheceis a vossa missão na Terra — reacender a chama do Cristianismo do Cristo em todo o planeta.** Vossa tarefa não está limitada pelas fronteiras de países, nem pelos preconceitos, nem pelos tabus, nem por dogmas que têm retardado a marcha dos povos pelos milênios. **Espalhar pelo mundo, em todo o seu significado e em toda a sua pureza, o Cristianismo do Novo Mandamento de Jesus — *"Amai-vos como Eu vos amei. Somente assim podereis ser reconhecidos como meus discípulos"*** (Santo Evangelho, segundo João, 13:34 e 35). **Eis a vossa missão!** Por todos os meios e modos possíveis é fácil, mas **ide pelos impossíveis** — isto é que vos dignifica: **propagar, em toda a sua divina essência e honradez, o Cristianismo do Novo Mandamento de Jesus, a Lei da Solidariedade Espiritual, Humana, Social, Universal.** Sim, porque científica, religiosa, desportista, filosófica, política, artística, musical. **Levar, portanto, a Ordem Suprema de Nosso Senhor, repito, não apenas ao campo religioso, mas também ao**

filosófico, ao científico, ao político, ao artístico, ao desportivo, ao musical, enfim, por toda parte, corajosamente. Para os Jovens Ecumênicos da Boa Vontade, os Soldadinhos de Deus, da Religião Divina, e para os Cristãos do Novo Mandamento, Amigos de Jesus, não resta dúvida. Basta ler os Poemas e Mandamentos dos Legionários de Deus, que aí estão particularizados para cada faixa etária[7]. Deveis todos estudá-los com devoção.

Guardai em vossos corações, reitero, este alertamento de quem vos ama: **conheceis a vossa missão na Terra**. Vós a trazeis bem marcada em vosso Espírito. É o vosso sinete que impede que recebais a marca do anti-Cristo. **Preparar os caminhos da Volta Triunfal do Cristo de Deus**, dedicando-vos ao surgimento, o mais breve possível, de ***"um só Rebanho para um só Pastor"*** (Boa Nova, consoante João, 10:16), **que é Jesus**, é tarefa vossa, exige empenho total! Pelos milênios vos haveis preparado para isso. Sim, **ninguém está por acaso nestas Casas Santas.**

---

[7] **Poemas e Mandamentos dos Legionários de Deus** — O saudoso Proclamador da Religião Divina, Alziro Zarur (1914-1979), presenteou os Cristãos do Novo Mandamento de Jesus, de todas as idades, com belíssimos Poemas e Mandamentos. Você encontra "Os Dez Mandamentos dos Homens e Mulheres da Boa Vontade" e "Os Mandamentos da Mocidade Legionária e dos Soldadinhos de Deus", da LBV, no terceiro volume das *Sagradas Diretrizes Espirituais da Religião de Deus, do Cristo e do Espírito Santo* (1991), da lavra de Paiva Netto.

Então, outra vez, guardai em vossos corações esta palavra de quem vos ama: **quereis honrosamente vencer a vossa tarefa legionária da Boa Vontade de Deus no mundo? Quereis? Falai aos corações!** Antes que à inteligência, enfatizo, falai aos corações! Deveis anotar este ensinamento da sabedoria oriental. Diz assim:

> — *Ponde Amor nas vossas palavras, e até os animais vos entenderão*[8].

Lembrai-vos disso, mas não penseis que devais andar longe da energia, porque **ter Amor não significa ser condescendente com o erro**. Nunca vos ensinei isso. Afinal, **a humildade**, bem que fraterna, **é, acima de tudo, corajosa**!

Tesouros nos Céus

Filhos da Religião de Deus, do Cristo e do Espírito Santo e da Legião da Boa Vontade!, atentai para isto: **não ambicioneis o supérfluo**. Ao contrário, **enchei o vosso bornal com os valores espirituais, morais que vos tornarão indestrutíveis**:

[8] Na obra *A Missão dos Setenta e o "lobo invisível"* (2018), Paiva Netto transcreve oportuna lição sobre o assunto, inspirada em São Francisco de Assis. É ela: "O lobo de Gúbio".

[19] Não ajunteis tesouros na Terra, onde a traça e
a ferrugem consomem, e onde os ladrões escavam
e roubam;
[20] Ajuntai, pois, para vós tesouros no Céu, onde
nem a traça nem a ferrugem consomem, e onde os
ladrões não escavam nem roubam.
[21] Porque, onde está o teu tesouro, aí estará tam-
bém o teu coração.

Jesus (Mateus, 6:19 a 21)

Esses são os bens que exornam o coração do Sublime Benfeitor, que Ele vos quer entregar, de forma que possais sobreviver entre os que levantarão das ruínas a sociedade do futuro, sustentada no Santo Evangelho e no Apocalipse Redentor do Cristo Ecumênico, o Divino Estadista.

Jesus: o Potentíssimo Farol

Como a todo momento nos recordava o Proclamador da Religião do Terceiro Milênio, o Evangelho e o Apocalipse são os mais poderosos armamentos do mundo; não matam, eliminam apenas o mal que houver no homem, na mulher, na criança, no jovem, no idoso, devolvendo-lhes a verdadeira vida. Tendes nas vossas mãos, portanto, esse Inderrotável Arsenal, consignado na Lei Maior de Amor do Supremo Governante de nosso planeta, Jesus.

Fortalecei, pois, Legionários da Boa Vontade e Cristãos do Novo Mandamento, Amigos de Jesus — adultos, jovens e crianças —, o vosso caráter. Não temais a procela que se acerca do mundo.

Jesus é o Potentíssimo Farol a indicar ao navegante, cuidadoso e valente, o seguro canal, liberto de rochas afiadas submersas e outras surpresas mortíferas.

Que a Paz de Deus habite agora e eternamente os vossos lares!

Coragem, minha gente! Coragem!

Vamos em frente, porque Deus Está Presente! E Jesus vive em nossos corações para sempre!

Assino com Fraterno Amor no coração,

José de Paiva Netto
Servidor dos Amigos de Deus

* * *

O pedido de Salomão e a visão espiritual de Estêvão

Academia Jesus, o Cristo Ecumênico, o Divino Estadista — *No belíssimo documento que acabamos de ler, escrito em 7 de dezembro de 1987, o Presiden-*

te-Pregador da Religião Divina ressalta a questão da ***riqueza espiritual****, cujo afastamento pelos seres humanos dissemina cada vez mais a miséria em seus múltiplos aspectos entre os povos.*

Estêvão

Paiva Netto tece os seguintes comentários em sua série radiofônica "O Apocalipse de Jesus para os Simples de Coração":

Minhas Irmãs e meus Amigos, minhas Amigas e meus Irmãos, o que existe de mais importante para nossa evolução é **o Conhecimento Espiritual, fortuna que o mundo não nos pode dar e, quando a recebemos do Benevolente Professor, não é dissipada**, por não ser riqueza perecível de uma vida efêmera. Essa é a lição contundente que nos chega do Evangelho, Boa Nova, sempre nova, porque eterna.

A incalculável relevância da Sabedoria Espiritual para as nossas existências é demonstrada nessa milenar história transcrita pelo Irmão Alziro Zarur, quando destacou o décimo ponto fundamental para compreendermos a missão do Centro Espiritual Universalista, o CEU da Religião Divina:

10º — ***O pedido do rei Salomão*** *(Primeiro Livro dos Reis, 3:5 a 13): — Quando o rei Salomão assumiu o poder, Deus lhe perguntou:*

"Que queres de mim, Salomão?" E ele: ***Dá-me, Senhor, entendimento e poder espiritual****. E Deus lhe respondeu: "Como não pediste riquezas, inteligência, saúde, glórias materiais que fascinam os homens, mas pediste poder espiritual, receberás poder espiritual e também saúde, inteligência, riquezas". Conforme advertiu Jesus:* ***"Buscai primeiramente o Reino de Deus e Sua Justiça, e tudo o mais vos será acrescentado"*** *(Evangelho de Jesus, segundo Mateus, 6:33).*

Jesus, Aquele que anda no meio dos sete castiçais de ouro, **é essa Divina Herança**, testificada por Estêvão, primeiro mártir do Cristianismo, que, pouco antes de passar para o Plano Espiritual, viu o Divino Ressuscitado à direita de Deus:

55 *Estêvão, cheio do Espírito Santo, fitou os olhos no céu e* ***viu a glória de Deus e Jesus, que estava à Sua direita,***
56 *e disse: Eis que vejo os céus abertos, e o Filho de Deus, em pé, à direita do Pai Celestial.*

(Atos dos Apóstolos do Cristo, 7:55 e 56)

FIDELIDADE E FÉ EM JESUS

***Academia Jesus, o Cristo Ecumênico, o Divino Estadista** — Aprofundando-se no estudo sobre a Igreja em Éfeso, o Presidente-Pregador da Religião de Deus, do Cristo e do Espírito Santo, em diversas palestras sobre o versículo 2 do capítulo 2 do Apocalipse, instrui a todos:*

> [2] *Conheço as tuas obras, assim o teu labor, como a tua perseverança, e que não podes suportar os maus, e que puseste à prova os que a si mesmos se declaram apóstolos e não são, e os achaste mentirosos.*
>
> (Apocalipse, 2:2)

A Carta de Jesus àqueles que frequentam a Sua Igreja em Éfeso se inicia com uma série de palavras elogiosas. **O sinete do Divino Pegureiro é reconhecer as qualidades de cada ovelha do Seu Rebanho Ecumênico.** Reparem nisto: **o Pastor Boníssimo conhece as obras, o labor e a perseverança de seus integrantes.**

Outro ponto: uma notável característica desse povo é **saber distinguir os que verdadeiramente professam a Fé pelo Cristo daqueles que não a levam em conta**. Apesar disso, veremos, em seguida, que Ele não deixa de fraternalmente manifestar Seu repto, as Suas admoestações, as chamadas de atenção, pois **o Amor do Pegureiro Celeste é Justiça e Misericórdia**.

O Último Cântico de Moisés e "deuses estranhos"

Reparem o enorme prejuízo causado pela não observância dessa particularidade de saber identificar a

Moisés

dissimulação dos que se dizem apóstolos, e não são, que foi destacada por Jesus nos componentes de Éfeso. Várias vezes já lhes disse que o Apocalipse permeia toda a Bíblia Sagrada, pois a Revelação Divina vai do Antigo ao Novo Testamento, e esses cumprem o seu papel de guardiães dos ditames sublimes. Representam as duas testemunhas mártires citadas no Apocalipse, 11:3 a 14.

Pois bem, fui buscar, nos versículos de 1 a 17 do capítulo 32 do Deuteronômio, o Último Cântico de Moisés e vou extrair dele as consequências de se imprudentemente dar ouvidos a falsos profetas, apóstolos, ídolos:

[1] *Inclinai os ouvidos, ó Céus, e falarei; e ouça a*
Terra as palavras da minha boca.
[2] *Goteje a minha doutrina como a chuva, destile a*
minha palavra como o orvalho, como chuvisco sobre
a relva e como gotas de água sobre a grama.
[3] *Porque proclamarei o nome do Senhor. Engran-*
decerei o nosso Deus!
[4] ***Ele é a Rocha cuja obra é perfeita, porque***
todos os Seus caminhos são juízo; Deus é a fi-
delidade, e não há Nele injustiça; é justo e reto.
[5] *Corromperam-se contra Ele; já não são Seus fi-*
lhos; geração perversa e distorcida é.
[6] *É assim que recompensas ao Senhor, povo louco e*
ignorante? Não é Ele teu Pai, que te adquiriu, te fez
e te estabeleceu [na Terra]*?*
[7] *Lembra-te dos dias da antiguidade, atenta para*
os anos de muitas gerações; pergunta a teu pai, e ele
te informará; aos teus anciãos, e eles te dirão.
[8] *Quando o Altíssimo distribuía as heranças às na-*
ções, quando espalhava os filhos de Adão, Ele fixou
fronteiras para os povos, conforme o número dos fi-
lhos de Deus.
[9] *Porque a porção do Senhor é o Seu povo; Jacó é a*
parte da Sua herança.
[10] *Achou-o numa terra deserta e num ermo soli-*
tário povoado de uivos; trouxe ao redor, instruiu-o,
guardou-o como a menina dos Seus olhos.

11 *Como a águia que vela por seu ninho e revoa por
cima dos filhotes, Ele estendeu as suas asas e o tomou,
e o levou sobre as Suas asas,*
12 *assim, só o Senhor o guiou, e não havia com ele
deus estranho.*
13 *Ele o fez cavalgar sobre as alturas da Terra, e
comeu as novidades do campo, e os fez sorver mel da
rocha e azeite da dura pederneira,*
14 *manteiga de vacas e leite de ovelhas, com a gor-
dura dos cordeiros e dos carneiros que pastam em
Basã, e dos bodes, com a fina flor do trigo; e bebeste
como vinho puro o sangue das uvas.*
15 *Mas, engordando-se o meu amado, deu coices;
engordaste-te, engrossaste-te, e de gordura te cobriste,*
***e deixou a Deus, que o fez, e desprezou a Rocha
da sua salvação.***

(Deuteronômio, 32:1 a 15)

Por isso é que **Jesus ordena que construamos nossa vida sobre a rocha eterna de Sua Palavra, que é o Evangelho-Apocalipse**. Não há melhor horóscopo do que abrir a Bíblia de manhã e ler o Recado do Altíssimo, consoante nos ensinou o Irmão Zarur. São Palavras Sublimes, que vão além do tempo no qual foram concebidas, a inspirar boas ações e a construção de um destino feliz alicerçado na Fé Realizante. No Trono e Altar de Deus, no Templo da Boa Vontade, a Sede Espiritual da Religião do Terceiro Milênio, está gravado este meu pensamento: **todo dia é dia de renovar nosso destino**.

Moisés está advertindo que Deus é Quem nos dá toda essa fortuna, e o povo se levanta contra o Seu Benfeitor, ergue o calcanhar contra Aquele que nos concede a fartura do alimento espiritual, moral e material, e ceia conosco todos os dias. Quer dizer, **o Pai Celestial está permanentemente nos assistindo**, e, mesmo nas nossas misérias, **está nos dando forças para atravessarmos o deserto da penúria humana**.

> [16] *Com deuses estranhos O provocaram a zelos, com abominações O irritaram* (Deuteronômio, 32:16).

Ou seja, **somos nós que provocamos a ira da Lei Divina**. Alguns aproveitadores vêm e zombam: *"Mas Deus é mau, porque pune..."* Não é nada disso, paremos de pensar desse modo, cresçamos, deixemos de ser levianos e assumamos a nossa parcela de responsabilidade. Se você vai buscar **"deuses estranhos"**, que significam aqui **caminhos torpes afastados do Amor Universal** — enaltecido pelas crenças do mundo, independentemente da maneira que cultuem a divindade —, o que acha que ocorrerá? Quer que Deus permita a degradação de tudo?! Mas não é você mesmo que se queixa que o planeta Terra vai de mal a pior?! Ora, **favorecer a impunidade é penalizar os sãos**, aqueles que merecem ter a paga do direito que construíram para si mesmos. Afinal, **somos aquilo que pensamos, falamos e fazemos**, avisam os sábios. Isso é verdade, porque **todos receberemos o retorno de nossos atos**, conforme Jesus irá advertir martelantemente, para que ninguém alegue ignorância da Lei. Aliás, premissa que não podemos usar nem mesmo no tocante às leis humanas. Portanto, a Justiça Divina não pode se furtar a impor medidas severas contra nós, humanidade, que tanto infortúnio semeamos pelos milênios.

> [17] *Sacrifícios ofereceram aos diabos, não a Deus; aos deuses que não conheceram, novos deuses que vieram há pouco, dos quais não se estremeceram vossos pais* (Deuteronômio, 32:17).

Quando Moisés diz *"vossos pais"*, está se referindo aos diversos antecessores de seu povo, que foram mais fiéis, não se inclinaram a *"deuses estranhos"*, como muitas vezes surgem na sociedade, até mesmo na forma de salvadores da pátria, com suas ideias. Entretanto, ainda que bem-intencionados, nenhum ser humano detém esse poder. Logo, reféns de suas próprias pretensões, acabam por se tornar deuses da falsidade, uma espécie de vendilhões, que podem desvirtuar a mocidade e iludir as crianças, tal qual ídolos de pedra, de pau que, por vezes, desconsideram as concepções santas, que são as criaturas humanas. E, quando afastados do verdadeiro Poder Divino, que rege o planeta com Amor, Justiça e Bondade, promovem zas hediondas, malignas, como a droga, a prostituição, a mentira contumaz — que assombra a humanidade desde sempre e tem recebido o rótulo moderno de *fake news* — e vícios de toda espécie que fazem mal às pessoas. E, com isso, vão arrasando a desavisada humanidade.

Percebam que o Texto Sagrado não está entrando no mérito da pluralidade de crenças ou descrenças, formas legítimas de manifestação da Fé em Deus, ou no sagrado, ou ainda na construção de sentido de vida. **Esse alerta beneficia a todas elas.** Nenhuma Religião é melhor do que a outra. O saudoso Irmão Zarur costumava ensinar que

> — *Há tantas religiões quantos são os graus de entendimento espiritual dos homens, conforme a soma de suas encarnações.*

Além do mais, não somos palmatória do mundo. Mas vocês são inteligentes, leem os jornais, assistem à televisão, escutam o rádio (e, hoje diríamos, acessam a internet). A coisa não está insana? E quem são os prejudicados por essa alienação excruciante? Somos nós mesmos ao não sabermos nos defender, mas temos ao nosso alcance todas as ferramentas do Salvador de nossas vidas, se não virarmos a nossa cara, nos desviando de nossa origem verdadeira, que é o Plano Espiritual.

Há décadas afirmei que as nações vomitam. E quando vem esse enjoo, a coisa fica braba. Alguém pode perguntar:

— *Mas por que Deus os deixa agir?*

Ué! E o nosso livre-arbítrio?! Não fazemos tanta questão dele?! Então, é hora de amadurecer, repito, porque a evolução da Terra não vai parar para que desçamos. Queremos beneficiar a sociedade? Trabalhemos por ela. Desejamos ajudar a humanidade? Façamos atos de justiça que justifiquem esse desejo de corrigir os rumos inconsequentes tomados pelos seres humanos. **Não adianta falar. É preciso agir, agir e agir com bom senso, fundamentado em Jesus.**

Pedro, Paulo e a fidelidade aos Preceitos Crísticos

Paulo Apóstolo, depois de viver cerca de três anos em Éfeso, se retira e diz, tristemente, que tinha pleno conhecimento de que surgiriam falsos profetas de fora para dentro daquela comunidade cristã e, pior, no seio dela própria. Afinal, quanto maior a cidade, com movimento e trânsito de pessoas, mais condições há de aparecerem distrações. E, pela localização de Éfeso, podemos inferir que lá assim ocorreria. É esta a lamentação de Paulo:

> 29 *Eu sei que, depois da minha partida,* ***entre vós penetrarão lobos vorazes, que não pouparão o rebanho****.*

> [30] *E que, dentre vós mesmos, se levantarão homens falando coisas pervertidas para arrastar os discípulos atrás deles.*
> [31] *Portanto, vigiai, lembrando-vos de que, por três anos, noite e dia, não cessei de admoestar, com lágrimas, a cada um.*
> [32] *Agora, pois, encomendo-vos ao Senhor e à palavra da Sua Graça, que tem poder para vos edificar e dar herança entre todos os que são santificados.*
> (Atos dos Apóstolos, 20:29 a 32)

O Grande Pescador da Galileia, Pedro, em sua Segunda Epístola, 1:19 a 21, abre os nossos olhos para a autenticidade do que procede da parte de Deus:

> [19] *Temos, assim, tanto mais* ***confirmada a palavra profética****, e fazeis bem em atendê-la,* ***como a uma candeia que brilha em lugar tenebroso****, até que o dia clareie e a Estrela Dalva nasça em nosso coração,*
> [20] *sabendo, primeiramente, isto: que* ***nenhuma profecia da Escritura provém de particular elucidação****;*
> [21] *porque nunca jamais qualquer profecia foi dada por vontade humana; entretanto, homens santos falaram da parte de Deus, movidos pelo Espírito Santo.*

Portanto, não resta dúvida. Aqueles que se dizem apóstolos e não são (Apocalipse, 2:2) não possuem a capacidade de proferir tais vaticínios. Eles infelizmente não buscam sua iluminação no Cristo, que respalda a palavra profética e sustenta os sete candeeiros de ouro, conferindo Sublime Resplendor às Igrejas de Deus, mormente ao altar preferido do Pai Celestial, que é o coração das criaturas.

A fidelidade aos Preceitos Crísticos tem sido um desafio não apenas da Igreja de Éfeso de todos os tempos, visto que as Sete tiveram seu papel histórico na época em que existiram e depois vão se reproduzir como fases da evolução espiritual da humanidade.

Os *"lobos vorazes"* mencionados pelo Apóstolo dos Gentios não são tão somente os visíveis, mas, sobretudo, os ocultos, conforme denunciei em minha obra *A Missão dos Setenta e o "lobo invisível"* (2018). Espíritos ignorantes, encarnados ou desencarnados, com sua ardilosidade e astúcia, vão seduzindo os seguidores do Caminho[9], desde antanho até os dias atuais.

Notem, por exemplo, a dificuldade de Moisés em manter aquele *"povo de dura cerviz"* confiante na aliança feita com Deus desde Abraão. Foi o grande legislador do povo hebreu se retirar para o Monte Sinai — durante 40 dias, a fim de receber as Tábuas da Lei — que as pessoas que ali estavam logo titubearam na Fé. Cansadas de esperar, constroem, com o apoio

[9] **Seguidores do Caminho** — Como também eram conhecidos os primeiros cristãos.

de Arão, um bezerro de ouro para idolatrar e caírem na algazarra. Essa narrativa está no livro Êxodo, no Antigo Testamento da Bíblia Sagrada, em especial no capítulo 32, do qual reproduzimos os versículos a seguir:

> 7 *Então, disse o Senhor a Moisés: Vai, desce; porque o teu povo, que fizeste sair do Egito, se corrompeu*
> 8 *e depressa se desviou do caminho que Eu lhe havia ordenado; fez para si um bezerro fundido, e o adorou, e lhe sacrificou, e diz: São estes, ó Israel, os teus deuses, que te tiraram da terra do Egito.*
> 9 *Disse mais o Senhor a Moisés: Tenho visto este povo, e eis que é povo de dura cerviz.*
> 10 *Agora, pois, deixa-me, para que se acenda contra eles o meu furor, e Eu os consuma; e de ti farei uma grande nação.*

Precisamos vestir a carapuça e não apontar dedos para aqueles que à época assim procederam, pouco tempo depois de sair da terrível escravidão do Egito. Estaremos nós, de alguma forma, orbitando em torno de um "bezerro de ouro" que está por aí, assim comprometendo nossos valores espirituais por impaciência ou distrações mundanas? O saudoso Irmão Zarur certa feita afirmou:

> — *Atingir o equilíbrio espiritual é o objetivo mais difícil daquele que realmente estuda o Evangelho de*

Jesus. ***O que Jesus condena é que o ser humano se escravize ao bezerro de ouro.*** *Jesus quer que o homem domine o vil metal, não se escravize a ele. Mas não proíbe nem a riqueza, quando ela é empregada para o bem da humanidade.*

Semear, semear e semear o Bem

Que tenhamos a perspicácia dos componentes da Igreja em Éfeso, que souberam identificar aqueles que se diziam apóstolos, mas não eram, e os consideraram mentirosos. Daí a importância do trabalho expansionista dos primeiros cristãos, a exemplo de Paulo de Tarso. Eles levaram adiante a Doutrina do Cristo e muitos dos que receberam tais ensinamentos saíram de Éfeso, foram para Esmirna, Pérgamo, entre outras cidades, e fizeram surgir as demais Igrejas. É o papel de vocês agora: **preguem por todos os meios e modos. Aqueçam a Fé Realizante nos corações!**

— Ah, mas eu não posso ir a Marrakech pregar lá.

Pregue onde estiver. Um dia, vai falar com alguém que mudará de país e, sem que você saiba, tocado pela sua palavra, carregará consigo o Ideal da Religião Divina para o exterior. **A questão é pregar e viver as elevadas Lições de Jesus.** Atualmente existe a internet, que nos conecta com o planeta inteiro. O nobre Irmão Dr.

Bezerra de Menezes (Espírito) é um grande entusiasta desse trabalho de expansão de nosso conteúdo de Boa Vontade por esse ágil meio de comunicação. Ele sempre ressalta:

— *Com a internet, vocês estão no mundo em um segundo.*

O que temos de fazer é semear o Bem. A colheita é com Jesus. É isso que precisamos realizar.

A fidelidade aos Preceitos Crísticos tem sido um desafio não apenas da Igreja de Éfeso de todos os tempos, visto que as Sete tiveram seu papel histórico na época em que existiram e depois vão se reproduzir como fases da evolução espiritual da humanidade.

O SALDO DAS BOAS OBRAS

Academia Jesus, o Cristo Ecumênico, o Divino Estadista *— Na sequência do versículo 3 do capítulo 2 do Livro da Revelação, aos perseverantes de Éfeso, o Provedor Celeste exalta a importância de permanecerem firmes na Fé e na prática das Boas Obras.*

Paiva Netto, ao comentar esse versículo, elucida-nos:

> [3] *e tens perseverança, e suportaste provas por causa do meu nome, e não te deixaste esmorecer.*
>
> (Apocalipse, 2:3)

A Missiva de Jesus a Éfeso é indispensável e fraterno recado à Cristandade Universal em todos os aspectos. Infelizmente, há uma tendência humana de se apegar apenas ao que é negativo. Então, o costume de muitas pessoas é ressaltar primeiro o que há de ruim:

— Ah, viu só?! Olha aí o que os efésios fizeram! Está vendo?!

E de modo lamentável vai se alimentando a maledicência... Mas é claro que o Divino Mestre, ao repreender os integrantes dessa Igreja, não deseja a perdição de ninguém. As advertências que Ele faz caridosamente servem de exemplo para a salvação dos bilhões de Espíritos que Deus Lhe confiou neste orbe. O Zeloso Pastor nos admoesta em Seu Santo Evangelho:

A luz e as trevas

22 *São os olhos a lâmpada do corpo. Se os teus olhos forem bons, todo o teu corpo será luminoso;*
23 *se, porém, os teus olhos forem maus, todo o teu corpo estará em trevas. Portanto, caso a luz que habita em ti sejam trevas, que grandes trevas serão!*

(Boa Nova, segundo Mateus, 6:22 e 23)

Com os olhos do Cristo, observem a beleza deste versículo terceiro, endereçado ao povo de Éfeso: **Ele enaltece a Perseverança, exalta que suportaram provas em nome Dele e não esmoreceram**. Precisamos sempre nos apoiar nos bons exemplos e aprender com os erros — sejam nossos ou dos outros. **O que vai determinar quem somos são as nossas Boas Obras. Elas serão o nosso maior discurso.** É uma extensão do que Jesus instruiu aos Seus Discípulos, quando afirmou:

[19] E, quando vos entregarem, não cuideis em como ou o que haveis de falar, porque, naquela hora, vos será concedido o que haveis de dizer,

[20] visto que não sois vós os que falais, mas ***o Espírito Santo falará por vós.***

(Evangelho, segundo Mateus, 10:19 e 20)

Evangelista Mateus

O Espírito Santo também se manifestará por intermédio do som retumbante das nossas boas ações, firmadas em Jesus. Conforme declarei ao inaugurar o Parlamento Mundial da Fraternidade Ecumênica, o ParlaMundi da LBV[10], o que importa são nossas realizações no Bem, uma vez que vão afetar imediatamente cada uma das pessoas com quem convivemos. E façamo-las com esmero, pois o tempo não espera. Já disse diversas vezes para muitos que hoje estão dirigindo as Instituições da Boa Vontade e à época eram rapazes, moças, pequeninos e pequeninas: procurem agir corretamente, não porque os outros estão olhando ou para impressionar a quem quer que seja, mas porque, repito, o tempo vai passar e, se assim não o fizerem, quando perceberem pouco ou nada terão edificado. Não se coloquem nessa

[10] **Parlamento Mundial da Fraternidade Ecumênica, o ParlaMundi da LBV** — Inaugurado por Paiva Netto no Natal de Jesus de 1994, forma, com o Templo da Boa Vontade (TBV), o Conjunto Ecumênico Boa Vontade, localizado em Brasília/DF. Veja foto do monumento nas páginas finais deste livro.

posição, porquanto existe uma força chamada remorso, que mói o cérebro, o coração, a Alma da criatura quando perde a oportunidade recebida. Chega um momento em que você para — pode ser rei, rainha, príncipe, princesa, governante, administrador, empresária, dona de casa, estudante, motorista, médica, musicista, cientista, advogado, filósofa, religioso, entre outros — e vai medir os seus atos. Esperamos que a nossa média seja favorável, o saldo seja positivo, visto que não há ninguém perfeito no mundo. Trabalhem com correção, com conduta ilibada, sob o alicerce da Ética e da Moral do Novo Mandamento do Cristo — *"Amai-vos como Eu vos amei"* (João, 13:34) —, mas desconfiem dos "santinhos"! Pode ser apenas um disfarce para a hipocrisia, que Jesus energicamente combateu (Lucas, 12:1). Por isso, gosto das criaturas que se mostram como são, das que se revelam de cara. Com essas se pode contar, pois vivemos em um orbe de provas e expiações, a fim de repararmos débitos pretéritos ao acumular bons atos. Pedro Apóstolo já aconselhava:

Evangelista Lucas

> — *Acima de tudo, porém, tende Amor intenso uns para com os outros, porque o Amor cobre uma multidão de pecados.*
>
> (Primeira Epístola de Pedro, 4:8)

Portanto, para o saldo nos ser positivo, teremos de produzir obras, inspiradas no Amor Divino.

— Ah, ninguém me dá valor. Ninguém dá importância ao que faço. Ninguém viu o que eu fiz...

Mas então você faz algo para ser visto ou pelo prazer de executar o que está certo? Se ninguém viu, Deus viu, Jesus viu, o Espírito Santo viu, seu Anjo Guardião viu e você viu. E brilha pelo que praticou sem que ninguém precise jogar confete sobre sua cabeça. Disse certa vez, e o pessoal que trabalha comigo anotou, que, quando você carece de reconhecimento constante para tudo que faz, alguma coisa anda errada... com você.

É hora de crescer, de amadurecer, de assumir responsabilidades, para que não sejamos amanhã apanhados de surpresa diante da morte. Se há algo certo nesta vida é o dia de voltar para o Mundo Espiritual. Não me canso de repetir que **o grande segredo da Vida é, amando a Vida** — tem que amar a Vida, gostar realmente de vivê-la —, **saber preparar-se para a morte ou Vida Eterna, na hora certa, determinada por Deus**, porque o fim não existe.

Zarur, pouco antes de retornar à Pátria da Verdade, escreveu para mim:

— Paiva, deixo para vocês a Lei do Apocalipse, isto é, a Lei das Obras.

Ele não inventou nada, está no Redentor Apocalipse e no Santo Evangelho. Jesus afiançou:

> — *Quando o Filho de Deus voltar com Seus Santos Anjos, dará a cada um de acordo com as próprias obras de cada um* (Evangelho do Cristo, consoante Mateus, 16:27).

> — *Eis que venho sem demora, e comigo está o galardão que tenho para retribuir a cada um segundo as suas obras* (Apocalipse, 22:12).

Eu decididamente acredito na Palavra de Jesus. E por que Ele primeiro exalçou em Éfeso e nas demais Igrejas as suas excelentes qualidades? Justamente porque, **aos olhos do Divino Mestre, o que importa é o saldo das Boas Obras, espirituais e materiais**.

COMO RECEBER A APROVAÇÃO CELESTE

Academia Jesus, o Cristo Ecumênico, o Divino Estadista *— Ter impresso em nossa Alma o Beneplácito Celeste é o porto seguro para uma existência espiritualmente plena. E como alcançá-la? Conforme vimos anteriormente, o Presidente-Pregador da Religião Divina enfatiza o valor que as Boas Obras possuem no engradecimento de nosso Espírito e da nossa Fé em Deus e no Cristo.*

Paiva Netto, na sequência, a partir das Lições do Sublime Professor, faz uma conexão entre a Igreja de Éfeso e a de Esmirna:

Após exaltar uma série de virtudes dos Irmãos da Igreja em Éfeso, Jesus vai repreendê-los, pois não faz vistas grossas aos enganos. **O Diligente Professor não é e jamais será complacente com o erro.** E seguimos os passos do Mestre dos mestres na Religião Divina. Aprendi isso com o Irmão Zarur e vocês todos têm que agir dessa forma, se quiserem receber a Aprovação Celeste. **Destaquemos sempre o lado bom de todas as criaturas[11]. No entanto, devemos fraternalmente alertar uns aos outros, ou buscar ajuda, quando considerarmos que alguém esteja em equívoco.** E ainda: se errar no julgamento, é preciso reconhecer a própria falta e reparar qualquer mal que tenha sido feito a quem quer que seja. Do contrário, não sobreviveremos ao que vai acontecer.

Profeta Ezequiel

É a diretriz que encontramos no livro do Profeta Ezequiel, 33:11, que deve inspirar nossa vivência em sociedade:

— *Tão certo como Eu vivo, diz o Senhor Deus, não tenho prazer na morte do pecador, mas em que o pecador se converta do seu caminho e viva.*

Ou seja, Deus não quer a perdição de ninguém e vai nos retribuir à medida que ampararmos os que necessitam de socorro, principalmente de auxílio moral e espiritual, porque a material virá.

---

[11] **O lado bom das pessoas** — Sobre essa importante prática, recomendamos a leitura da página "O olhar de Jesus", que Paiva Netto transcreveu no terceiro volume das *Sagradas Diretrizes Espirituais da Religião de Deus, do Cristo e do Espírito Santo* (1991).

"Atingir o equilíbrio é a meta suprema", conforme leremos mais adiante no icônico poema de Zarur, intitulado "Para a frente e para o alto".

Gosto muito de uma página de André Luiz (Espírito), que li durante minhas palestras na série "O Apocalipse de Jesus para os Simples de Coração", quando analisava a Carta do Cristo à Igreja em Esmirna, capítulo 2 do Livro da Revelação. Encontrava-me com a turma da Igreja Ecumênica da Religião Divina, no Rio de Janeiro/RJ, em 9 de outubro de 1991. Mas vamos aos sábios conselhos desse Amigo Espiritual, porque é indispensável seguir as palavras e os exemplos de Jesus:

Humildade sem subserviência.
Dignidade sem orgulho.
Devotamento sem apego.
Alegria sem excesso.
Liberdade sem licenciosidade.
Firmeza sem petulância.
Fé sem exclusivismo.
Raciocínio sem aspereza.
Sentimento sem pieguice.
Caridade sem presunção.
Generosidade sem desperdício.
Conhecimento sem vaidade.
Cooperação sem exigência.

Respeito sem bajulice.
Valor sem ostentação.
Coragem sem temeridade.
Justiça sem intransigência.
Admiração sem inveja.
Otimismo sem ilusão.
E Paz sem preguiça.

Qual é o incentivo dado pelo Cristo à Igreja em Esmirna, que veremos em outro tomo desta coleção?

— *Sê fiel até à morte, e Eu te darei a coroa da vida* (Apocalipse, 2:10).

Allan Kardec

Quer dizer, não basta andar corretamente nisso ou naquilo. **É fundamental, em tudo, viver com acerto, para merecer subir na hierarquia, pois o planeta vai evoluir.** A Terra será elevada da categoria de orbe de expiação para a de planeta de regeneração[12], de acordo com o anunciado por Allan Kardec (1804-1869).

Mas alguém pode reclamar: "*Mas isso é difícil, Jesus!*"

[12] **Orbe de expiação para planeta de regeneração** — Sugerimos a leitura do adendo "Espíritos exilados na Terra", que você encontrará no segundo volume das *Sagradas Diretrizes Espirituais da Religião de Deus, do Cristo e do Espírito Santo* (1990), do escritor Paiva Netto. Acesse: www.PaivaNetto.com/livros.

Minhas Irmãs e meus Irmãos, estou há anos e anos pregando, trabalhando, lutando e preparando todos esses dedicados Cristãos do Novo Mandamento, Amigos de Jesus, para dar continuidade a todo esse trabalho de Paz. É uma tarefa destinada àqueles que não temem o labor pelas Causas Celestes, que permanecem fiéis no pouco para merecerem de Deus, do Cristo e do Espírito Santo o muito, conforme o Sábio dos Milênios nos prometeu. Reflitamos sobre estas palavras expressas na Epístola de Tiago, capítulo 2, versículos de 15 a 17:

A fé sem obras é morta

15 *Se um irmão ou uma irmã estiverem carecidos de roupa e necessitados do alimento cotidiano,*

16 *e qualquer dentre vós lhes disser: Ide em paz, aquecei-vos e fartai-vos, sem, contudo, lhes dar o necessário para o corpo, qual é o proveito disso?*

17 *Assim, também a Fé, se não tiver obras, por si só está morta.*

Imaginem então se falarmos da Misericórdia que os corações oprimidos pelo erro necessitam?! Fé sem obras não ergue a **Sociedade Solidária Altruística Ecumênica** de que tanto o mundo carece. E o alertamento — de que Jesus dará a cada um de acordo com as obras de cada um — vem desde o Antigo Testamento da Bíblia

Sagrada, por exemplo, no livro de Jó, capítulo 34, versículos 10 e 11:

> 10 *Pelo que vós, homens sensatos, escutai-me: longe de Deus o praticar Ele a perversidade, e do Todo-Poderoso o cometer injustiça.*
> 11 *Pois retribui ao homem segundo as suas obras e faz que a cada um toque segundo o seu caminho.*

Por isso, Jó, que foi paciente, perseverante — após aquelas tremendas provações pelas quais passou, abandonado por todos —, recebeu de Deus, de volta, tudo o que possuía e muito mais, inclusive grande experiência.

Ora, o Cristo não confiaria uma missão a nós se não fôssemos capazes de levá-la adiante. O povo sabiamente diz:

— *Deus dá o frio conforme o cobertor.*

Esse dito popular inclusive está presente na música *Saudosa Maloca*, de autoria de um grande amigo da Legião da Boa Vontade, o compositor e cantor Adoniran Barbosa (1912-1982). Ele acompanhava nossa programação radiofônica pela então Rádio Clube de Santo André/SP, hoje, Rádio Trianon. Recebemos uma correspondência dele falando isso. E esse cobertor, minhas

Irmãs, meus Irmãos, é a Fé Realizante, aquela que remove montanhas, como ensinou Jesus.

Zarur e o combate à crítica mordaz

William Paley

Aprecio muito um aforismo do teólogo e filósofo britânico William Paley (1743-1805), que é extremamente ilustrativo:

— *Há um princípio que é utilizado como uma barreira contra qualquer informação, como prova contra qualquer tipo de argumento. Esse princípio nunca pode falhar, de modo a manter a humanidade numa ignorância contínua e perpétua. Esse princípio chama-se: condenar antes de investigar.*

As santas lições que sorvemos nesse estudo são imprescindíveis para a reforma espiritual que almejamos ver no mundo. Por isso, reproduzo a seguir uma instrutiva mensagem do saudoso Irmão Alziro Zarur, magistralmente interpretada por ele, durante suas pregações na *Hora do Ângelus*, às 18 horas[13], pela antiga Emissora

[13] ***Hora do Ângelus*** — Diariamente, às 18 horas (com reprise às seis da manhã e à meia-noite), a Comunicação 100% Jesus veicula gravações históricas feitas pelo Irmão Alziro Zarur. Trata-se de uma Corrente de Amor Universal — formada no Templo da Paz, o Templo da Boa Vontade (TBV), nas Igrejas Ecumênicas da Religião Divina e na Mídia da Boa Vontade — dedicada à Mãe de Jesus. Você é nossa convidada, nosso convidado para também entrar nessa sintonia. Acesse: boavontade.com/tv.

Maria e o Menino Jesus, na concepção de Roberto Ferruzzi (1853-1934).

da Boa Vontade. Sinto-me imensamente honrado de, ao longo das décadas, ter me tornado o guardião de muitas dessas pregações históricas. Passemos, então, a palavra ao genial Zarur:

Ave, Maria, Mãe Universal da Cristandade!

Abrimos o Evangelho de Jesus, segundo Lucas, no capítulo 7, versículos de 36 a 50, e lemos com muita emoção:

A mulher que ungiu os pés de Jesus

“36 *Um dos fariseus convidou Jesus para jantar com ele. E Jesus, entrando em sua casa, tomou lugar à mesa.*

“37 *Ora, havia na cidade uma mulher que era pecadora e ela, sabendo que Jesus lá se encontrava, trouxe um vaso de alabastro com perfume;*

“38 *e, pondo-se aos pés Dele, chorando, começou a regá-los com lágrimas e os enxugava com seus cabelos; e Lhe beijava os pés e os ungia com o perfume.*

“39 *Vendo isto, o fariseu que O convidara dizia consigo mesmo: Ora, se este homem fosse Profeta saberia quem é esta mulher que O toca, pois é uma pecadora.*

“40 *Mas disse Jesus a ele: Simão, tenho uma coisa para te dizer. O fariseu respondeu: Dize-a, Senhor.*

“41 *Certo credor tinha dois devedores: um lhe devia quinhentos denários; o outro, cinquenta.*

“42 *Não tendo nenhum dos dois com que pagar, perdoou a dívida a ambos. Qual deles, portanto, o amará mais?*

“43 *Simão respondeu: Suponho que é aquele a quem mais perdoou. Jesus replicou: Julgaste bem.*

“44 *Virando-se para a mulher, disse a Simão: Vês esta mulher? Entrei em tua casa e não me deste água para os pés; mas esta os regou com suas lágrimas e os enxugou com seus cabelos.*

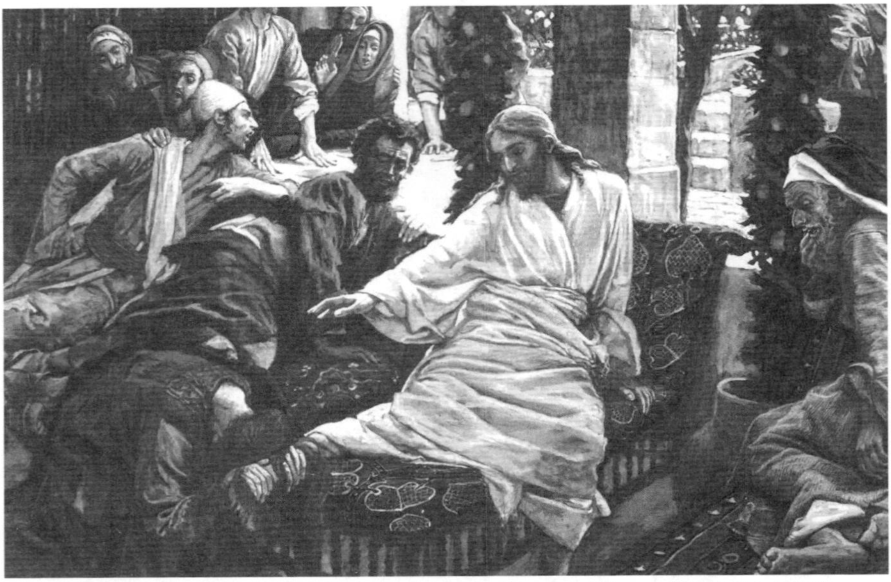

A mulher que ungiu os pés de Jesus, por James Tissot (1836-1902).

"45 Não me deste ósculo; ela, porém, desde que entrei não cessou de me beijar os pés.

"46 Não ungiste a minha cabeça com óleo, mas esta mulher, com perfume, ungiu os meus pés.

"47 Por isso, Eu te digo: perdoados lhe são os seus pecados, que são muitos, porque ela muito amou; mas aquele a quem pouco se perdoa pouco ama.

"48 E Jesus disse à mulher: Perdoados são os teus pecados.

"49 Ora, os que estavam com Ele à mesa começaram a dizer consigo mesmos: Quem é este que até perdoa pecados?

"50 Mas Jesus repetiu firmemente àquela mulher: Vai-te em paz; tua Fé te salvou".

Mãe Adorada, a nossa mensagem no dia de hoje é para aqueles que transformam a crítica em dardo venenoso.

Como neste caso do fariseu julgando a mulher pecadora. E achando que Jesus devia ser um tremendo fracasso como Profeta. "Pois então esse homem se é Profeta não está vendo que esta mulher é uma indecente, uma pecadora?..." Achava que só ele não era nada disso. Geralmente os maiores criticadores e criticadoras são os maiores pecadores. Quem mais critica é porque mais quer desviar a atenção dos seus próprios erros para se julgar de qualquer maneira justificado perante a sua própria consciência.

A todos esses, apresento emblemática página de Dale Carnegie (1888-1955):

"Se você e eu quisermos evitar amanhã um ressentimento que poderá prolongar-se por décadas e durar até a morte, sejamos indulgentes e não critiquemos, pois assunto nenhum justifica a crítica.

"Quando tratarmos com pessoas, lembremo-nos sempre de que não estamos tratando com criaturas de lógica. Estamos tratando com criaturas emotivas, criaturas suscetíveis às observações norteadas pelo orgulho e pela vaidade.

"A crítica mordaz fez com que o sensível Thomas Hardy, um dos mais finos romancistas que já apareceram na literatura inglesa, abandonasse para sem-

pre os trabalhos de ficção. A crítica levou Thomas Chatterton, o poeta britânico, ao suicídio.

"Benjamin Franklin, um tanto descontrolado na sua juventude, tornou-se tão diplomata, tão hábil no lidar com as pessoas, que foi nomeado embaixador americano na França. O segredo do seu sucesso? 'Não falarei mal de nenhum homem', disse ele, e 'falarei tudo de bom que souber de cada pessoa'.

"Qualquer idiota pode criticar, condenar e queixar-se — e a maioria dos idiotas faz isso.

"Mas é preciso ter caráter e autocontrole para ser complacente e saber perdoar.

"'Um grande homem demonstra sua grandeza', na opinião de Carlyle, 'pelo modo como trata os pequenos'. (...)

"Ao invés de condenar as pessoas procuremos compreendê-las. Procuremos saber por que elas agem de um determinado modo. Este é um processo muito mais eficiente e muito mais instrutivo do que a crítica inútil. Porque isto enseja simpatia, tolerância e bondade. 'Conhecer tudo é perdoar tudo'.

"Como disse o dr. Johnson: 'O próprio Deus, senhor, não se propõe julgar o homem até o final de seus dias'.

"Por que faríamos isso, você e eu?"

Portanto, meu Irmão, minha Irmã, para vocês, a mensagem de hoje:

Ajuda sem descansar[14]

Casimiro Cunha (Espírito)

Indaga, estuda, observa...
Mas, se queres avançar
Para a frente e para os cimos,
Ajuda sem descansar.

Se alguém te feriu, esquece...
Foge à revolta e ao pesar;
Vencendo as trevas da senda,
Ajuda sem descansar.

Problemas dilacerantes
Se intentas solucionar,
Não percas tempo em conflito,
Ajuda sem descansar.

Amarguras, labirintos,
Provações por destrinçar?
Não discutas, nem te irrites,
Ajuda sem descansar.

Se a calúnia te visita,
Não vale desesperar,

[14] **"Ajuda sem descansar"** — Poema de autoria do poeta brasileiro Casimiro Cunha (1880-1914), pela psicografia de Francisco Cândido Xavier (1910-2002).

Para esquecer-lhe os detritos,
Ajuda sem descansar.

Não te queixes de ninguém,
Não desdenhes suportar...
Hoje, aqui, agora e sempre,
Ajuda sem descansar.

Labéus e chagas alheias,
Não busques enumerar,
Se a paz te inspira o roteiro,
Ajuda sem descansar.

Se aspiras à Grande Luz
Nas bênçãos do Eterno Lar,
Não te detenhas na sombra...
Ajuda sem descansar.

Se o mal te golpeia, olvida...
Faze o bem, mesmo a chorar.
Quem semeia com Jesus
Ajuda sem descansar.

Na alegria ou na tristeza,
Não deixes de recordar
Que tudo pertence a Deus,
E ajuda sem descansar.

O DESAFIO DE ESCLARECER GREGOS E TROIANOS

***Academia Jesus, o Cristo Ecumênico, o Divino Estadista** — A mensagem redentora do Apocalipse interessa a toda a humanidade. Logo, para que todos se sintam imantados por esta revelação salvífica, sua única vertente é a do Amor Fraterno. Por isso mesmo, ele só pode ser pregado em Espírito e Verdade, à luz do Mandamento Novo do Cristo —* "Amai-vos como Eu vos amei. Somente assim podereis ser reconhecidos como meus discípulos" *(João, 13:34 e 35) — razão por que juntamos a essa explicação da Carta do Compassivo Pastor a Éfeso texto muito pertinente da lavra do Presidente-Pregador da Religião Divina.*

Paiva Netto escreve:

O exemplo de Pedro Apóstolo

Sempre buscamos nos inspirar no exemplo de Humanidade do Apóstolo Pedro, característica marcan-

Pedro Apóstolo

te daquele que soube guardar e praticar a Primeira Caridade. Como nos miramos nos fatos ocorridos entre os seguidores do Cristianismo nascente, recordemos que, com a aproximação de Paulo dos antigos Discípulos do Divino Chefe, após perseguir e levar à morte muitos deles, a resistência à sua presença foi enorme. Pedro teve muito trabalho para amenizar todas aquelas diferenças entre os que deveriam se ter como Irmãos. Conseguiu! Mesmo assim, Paulo lhe foi, de certa forma, ingrato[15]. Chegou a atacá-lo injustamente, ludibriado pela ação de caluniadores. Quando soube da verdade, procurou por Pedro, mas era tarde demais. Ele se encontrava detido pelo poder romano e, talvez, já supliciado. Então, o Apóstolo dos Gentios sofreu até o dia de sua morte, tamanho foi o seu arrependimento. Firmo-me nesses acontecimentos bimilenares, extraindo deles a lição auxiliadora, porque aprendi com Cícero (106-43 a.C.) que

Cícero

— *A História é a mestra da Vida.*

---

[15] **Pedro, o Apóstolo da Conciliação** — Acerca desse mal-estar gerado por Paulo e como Pedro sublimou esse episódio, unindo ainda mais a Cristandade nascente, Paiva Netto apresentou minucioso texto do Espírito Emmanuel no terceiro volume das *Sagradas Diretrizes Espirituais da Religião de Deus, do Cristo e do Espírito Santo* (1991), no adendo "Pedro, o Apóstolo da Conciliação".

A crença na Ordem Suprema de Jesus torna realidade, em nossas existências de incansáveis seguidores do Educador Celeste, uma determinação supinamente solidária que floresce do Coração Dele, o Cristo:

Evangelista Marcos

— *Tudo é possível àquele que crê* (Evangelho, segundo Marcos, 9:23).

E há também um aforismo que a todos conforta:

— *Por tanto amar os seus Irmãos e querer para eles o impossível, Deus lhes concedeu o impossível.*

Em todos esses anos de trabalho perseverante nesta Obra Divina, outra coisa não tenho feito que não seja guardar a pertinácia dos que apaixonadamente amam Jesus e Seus Postulados. O Aferidor Sublime de nossos esforços e merecimento nos conduz os passos nesta marcha evolutiva, de forma a mostrar **o caminho acertado para a vitória do Seu Mandamento Novo**.

Como escrevi, há algum tempo, **o milagre que Deus espera dos seres espirituais e humanos é que aprendam a amar-se**. Continuemos trabalhando, persistindo com Jesus até o fim, de acordo com a Promessa Dele próprio em Seu Sermão Profético:

— *Aquele que perseverar até ao fim será salvo* (Evangelho do Cristo, segundo Marcos, 13:13).

Em nosso compromisso de apresentar e analisar as revelações contidas no Último Livro da Bíblia Sagrada, não nos preocupamos em "agradar a gregos e troianos", porquanto assim não estaríamos cumprindo os Sagrados Desígnios do Cristo. Por isso mesmo, estamos na Terra para **esclarecer gregos e troianos**. Afinal, a mensagem do Último Livro da Bíblia Sagrada interessa a todos.

Ser do Campo Neutro do Cristo exige coragem

Somos o Campo Neutro do Cristo[16], o que não significa que sejamos neutros, isto é, abúlicos, sem forma. Por laborarmos para estabelecer na Terra essa cultura antissectária em que as pessoas possam fraternalmente se encontrar e se entender, a despeito de suas idiossincrasias, adotamos uma postura definida. Por sinal, difícil aos que não estiverem a serviço do Excelso Pacificador. Em suma, somos ecumênicos, porquanto **há**

[16] **Campo Neutro do Cristo** — Leia no segundo volume das *Sagradas Diretrizes Espirituais da Religião de Deus, do Cristo e do Espírito Santo* (1990) o adendo "CEU — Centro Espiritual Universalista da Religião de Deus, do Cristo e do Espírito Santo", no qual Paiva Netto transcreve página em que Alziro Zarur discorre sobre a finalidade do CEU da Religião Divina — O Campo Neutro do Cristo (1969).

uma identidade comum a todas as crenças: a parte de Deus constante em todas elas. Os exageros são a parte humana. É necessário enfatizar que Ecumenismo, na nossa concepção, não é um vale-tudo. Recorremos à origem do termo grego *oikoumenikós*, isto é, "toda a Terra habitada" e "de escopo ou aplicabilidade mundial, universal". E há algo mais universal do que o Amor Fraterno exemplificado por Jesus? Para nós, **o Divino Mestre é a personificação do Ecumenismo, por isso O chamamos Cristo Ecumênico, Jesus sem arestas**.

Expliquei isso, em 1987, para responder a uma personalidade brasileira, já falecida e que era simpatizante da nossa Causa, mas que não alcançava o que é se manter em um Campo Neutro. Pensava que formá-lo era como ficar em cima do muro, para estar bem com todos. Disse-lhe, e a outros, que esse posicionamento, por ser canhestro, é o mais incômodo, porque, estando lá, você leva pedrada de todo lado. E, bem feito, para deixar de ser hipócrita quem assim se coloca.

Ser do Campo Neutro do Cristo é uma tomada de decisão que exige denodo. É muito mais desafiador adotar esta atitude universalista do que se inclinar para este ou aquele segmento, por mais notável que seja. Não estamos neste planeta para "agradar a gregos e troianos", repito, mas para esclarecê-los.

Os Irmãos religiosos hoje já se referem, em suas publicações, a Irmãos representantes de outras denominações. Com todo o respeito que tenho por eles, digo-lhes que antigamente não era assim. Antecedendo ao que mais tarde seria chamado relacionamento inter-religioso, essa afabilidade de tratamento aos seguidores de diversas crenças, de declarar a todos como Irmãos, teve início com a Legião da Boa Vontade e sua Cruzada de Religiões Irmanadas[17], Caridade Primeira de nossa amada Obra. E essa postura irrestritamente ecumênica precisa se expandir ainda mais, pois agredir outras tradições de Fé é inaceitável. Aliás, toda forma de violência contra as pessoas é reprovável.

O sempre lembrado Irmão Zarur, a quem não faltava coragem, chegou a afirmar que *"toda a humanidade*

---

[17] **Cruzada de Religiões Irmanadas** — Seis dias após fundar, em 1º de janeiro (Dia da Paz e da Confraternização Universal) de 1950, a Legião da Boa Vontade, Alziro Zarur convocou e dirigiu a pioneira Cruzada de Religiões Irmanadas, cuja primeira edição oficialmente ocorreu em 7 de janeiro de 1950, no salão do Conselho da Associação Brasileira de Imprensa (ABI), na cidade do Rio de Janeiro/RJ, após sucessivas reuniões preparatórias realizadas nos meses de outubro, novembro e dezembro de 1949, na sala da diretoria daquela prestigiada Associação. Com esse feito, Zarur antecipou-se ao que mais tarde viria a ser chamado de relacionamento inter-religioso. No encontro, falaram sete oradores dos mais diversos segmentos: Salustiano César, reverendo protestante; Teles da Cruz, católico; Murilo Botelho, esotérico; Leopoldo Machado, espírita; Eugênio Figueiredo, livre-pensador; Samuel Linderman, judeu; e Ascânio de Farias, positivista. Para o saudoso jornalista Herbert Moses (1884-1972), o empreendedor Presidente da ABI na época, responsável pela construção da sede da Casa do Jornalista, *"Zarur fez um verdadeiro milagre juntando tantos inimigos cordiais na LBV!"*

é cristã"[18]. E a mim tem cabido o papel de explicar em pormenores por qual razão ele trouxe assertiva tão forte e verdadeira. E essa é uma grande tarefa neste mundo. Digo-o sem arrogância, porquanto **conservar a Primeira Caridade é não baixar a bandeira da Agenda Espiritual**[19] que trazemos ao reencarnar.

Nunca deixem de fazer a parte de vocês nesta existência, porque não haverá, na Pátria da Verdade, justificativa convincente ao Tribunal Divino.

Os perseverantes na Fraternidade, na Solidariedade, na Compaixão, na Generosidade, na Justiça, na Verdade, na Humildade têm todo o direito de estar com a autoestima no zênite. Jamais podemos interferir mal no Planejamento do Cristo, abandonando nossa posição de batalhadores da causa do Bem.

O próprio Mestre nos exortou:

> — *Na vossa perseverança, salvareis as vossas Almas.*
>
> Jesus (Lucas, 21:19)

---

[18] ***"Toda a humanidade é cristã"*** — Leia sobre o assunto em outro volume da coleção "O Apocalipse de Jesus para os Simples de Coração", *Somos todos Profetas* (1991), no subtítulo *"Toda a humanidade é cristã"*, no capítulo "Proclamação do Apocalipse".

[19] **Agenda Espiritual** — Leia mais sobre o assunto na obra *Conversando com seu Anjo da Guarda — A Agenda Espiritual* (2007), da lavra do Irmão Dr. Bezerra de Menezes, pela sensitividade do Cristão do Novo Mandamento Chico Periotto. Adquira o seu exemplar pelo *site* www.ClubeCulturadePaz.com.br.

O PERIGO DO ESFRIAMENTO DO BOM IDEAL

***Academia Jesus, o Cristo Ecumênico, o Divino Estadista** — Se, no versículo 3 do capítulo 2 do Apocalipse, Jesus exorta os fiéis de Éfeso quanto à importância das Boas Obras, no versículo 4, Ele adverte essa comunidade contra algo gravíssimo que está ocorrendo entre eles.*

A respeito do tema, Paiva Netto discorrerá pormenorizadamente, na sequência dos capítulos, fruto de suas pregações no rádio e palestras ao longo de décadas:

> *4 Tenho, porém, contra ti que abandonaste a tua Primeira Caridade.*
>
> (Apocalipse, 2:4)

Esse é um ponto nevrálgico da Mensagem do Cristo às Irmãs e aos Irmãos de Éfeso, e, por extensão, para todos nós.

O que é a Primeira Caridade? Alguns preferem a expressão "Primeiro Amor". Sim, Caridade é sinônimo de Amor. Para não confundir com o uso romântico da palavra, utilizamos **Caridade**, que é muito mais do que o simples e louvável ato de dar um pedaço de pão a quem necessita, todavia **é o Amor Divino que se concretiza nos grandes feitos altruísticos e solidários**. Já escrevemos bastante sobre isso[20]. Nesse verso, **o Pedagogo Sublime está aludindo ao arrebatamento inicial, o fogo que arde por dentro quando nos deparamos com nosso ideal de vida e tudo faz sentido em um átimo de segundo**.

Os componentes de Éfeso respeitavam a Doutrina do Cristo. Haviam sido despertados espiritualmente e abraçaram a Causa, dando testemunho em uma cidade em que era exigido de seus cidadãos pelo Império Romano o culto à figura do imperador, que tinha poder sobre vida e morte, e eles se negavam a fazê-lo. Porém, estavam menosprezando o Amor primevo. E, se a gente perde isso, abre mão de tudo. Por quê? Porque **Deus é Amor e é nessa Lei Sublime que nos devemos ancorar. Foi o Amor Divino que deu vida ao Cosmos. É a Força Espiritual Primeira, da qual tudo se originou.** Não podemos, então, reproduzir o

---

[20] Leia mais sobre Caridade em *Jesus, o Profeta Divino* (2011), especialmente no capítulo "Os servidores de Deus e a hora presente". Acesse: www.PaivaNetto.com/livros.

que tristemente se deu com os esforçados cristãos em Éfeso, afastando-nos da Energia das energias, que o Espírito Cáritas[21] assim retratou em sua tocante prece, entoada pelo saudoso Irmão Zarur, todos os dias na preparação da *Ave, Maria!*:

> — *Ó Deus!/ um raio, uma centelha do Vosso Amor/ pode iluminar a Terra (...).*

Há quem entre para movimentos ou religiões com aquele entusiasmo, com todo aquele vigor, contudo, passado algum tempo, lamentavelmente vão arrefecendo, se apagando, até que ficam pelo meio do caminho. Os principais prejudicados são os próprios indivíduos ou as próprias coletividades que agem dessa maneira, pois **perder a Primeira Caridade é desligar-se do Cristo Ecumênico, o Divino Estadista, que representa a Essência Sagrada de todos os nobres ideais que existem**. Ele é o Filho Unigênito do Pai, UM com Deus, e nos traz este conforto:

> — *Eu sou a videira verdadeira, vós sois os ramos. Quem permanece em mim* [isto é, quem no Espírito do Cristo persevera], *e Eu nele, esse dá mui-*

---

[21] **Prece de Cáritas** — De autoria do Espírito Cáritas, a súplica foi psicografada na noite de Natal de 1873, por madame W. Krell, em Bordeaux, França, e publicada em *Rayonnements de la Vie Spirituelle* [Irradiações da Vida Espiritual].

to fruto, porquanto sem mim nada podereis fazer (Evangelho, segundo João, 15:5).

Nair Torres

Edno Raymundo da Rosa

O nobre Dr. Bezerra de Menezes pede afinação com os Espíritos Superiores e é o que o Irmão Flexa Dourada (Espírito) a todo instante também reforça: *"Sintonia, sintonia, sintonia"*. Até o Coral Comunitário Nair Torres, da Religião Divina[22] — formado pelas aguerridas mulheres simples de coração de todos os quadrantes —, canta uma música do Legionário da Boa Vontade Edno Raymundo da Rosa (1926-2003), com letra da Irmã

---

[22] **Coral Comunitário Nair Torres, da Religião Divina** — Composto por voluntárias da Religião do Amor Universal. São mães, avós, donas de casa, trabalhadoras da indústria, do comércio e dos serviços públicos, estudantes, além de profissionais liberais que, em meio às responsabilidades, em casa e/ou no emprego, encontram tempo para colaborar com o próximo. O nome Nair Torres homenageia uma corajosa e batalhadora Legionária da Boa Vontade, de saudosa memória. Criado em 1992 pelo Irmão Paiva Netto, o coro, embora não seja profissional, emociona pelo talento e elevado sentimento com que emoldura as músicas populares e canções tradicionais do seu repertório. Um verdadeiro fenômeno de união comunitária, empolgando os corações pela força da valentia da mulher que, *"quando integrada em Deus, que é Amor, é a base das civilizações"*, como afirma seu fundador. Ouça no canal Música Legionária o *pout-pourri* com as músicas *Dia de Luz*, *Amor com amor se paga* e *Sintonia*, durante o Espetáculo Música Legionária 2019, cujo tema foi "Sete Faces que revelam Deus".

Nair Torres (Espírito), que trata sobre isso de maneira bem popular.

Já imaginaram que tragédia é para qualquer organização se o número daqueles que desanimam cresce no seu seio? Jamais devemos permitir isso na Legião da Boa Vontade e na Religião de Deus, do Cristo e do Espírito Santo. Ratifico o que proferi à Mocidade Legionária de todas as idades, durante o 30º Fórum Internacional do Jovem Ecumênico da Boa Vontade de Deus, na cidade de Uberlândia/MG, em 25 de junho de 2005 (sábado): **convoco-os para uma luta, muitos de vocês aceitam de coração e vão em frente. Outros dizem que sim, no entanto ficam pelo caminho. Espero que a maioria dos que estejam aqui ou todos não desistam ao longo da estrada, porque Jesus afirma que devemos segui-Lo, porque Ele vai à frente levando a tocha, isto é, a Luz; e sem essa Luminosidade nos daremos mal, pois andaremos nas trevas.**

O exemplo do Cavaleiro do Cavalo Branco

A Liderança Soberana que Jesus exerce sobre as Almas livres está expressa no Primeiro Selo do Apocalipse (6:1 e 2), que nos ajuda a entender a importância de não deixar esfriar a Primeira Caridade nos corações:

O Primeiro Selo

1 Vi quando o Cordeiro de Deus abriu um dos Sete Selos e ouvi um dos quatro seres viventes dizendo, como se fosse voz de trovão: Vem e vê!

2 E olhei, e eis um cavalo branco e o seu cavaleiro com um arco; e lhe foi dada uma coroa; e ***Ele saiu vencendo e para vencer****.*

Notaram a analogia perfeita?

Na Igreja de Éfeso, eles começaram muito bem. Digamos que estavam usando um combustível de primeiríssima qualidade. Mas de uma hora para outra, por medida de "economia de palitos", passaram a utilizar um de categoria inferior, com o qual o carro até anda, todavia engasga e por consequência estraga.

Quer dizer, saíram vencendo com o Supino Ideal no Espírito, entretanto depois vieram as convocações do mundo, as lutas ideológicas doutrinárias dentro do próprio corpo da Igreja de Éfeso, entre outras questões que fizeram com que eles esfriassem um pouco. Por quê? O que eles não observaram? Alguém é capaz de adivinhar? **Qual é o nosso padrão mesmo? É isso: o nosso Padrão Celeste é Jesus.** Devemos sempre nos lembrar de que o Divino Ressuscitado foi **até ao fim** e **além do fim** em Sua Incomparável Missão: foi **crucificado** e **ressuscitou**, respectivamente. Já àquele tempo, o Cavaleiro de Deus saiu vencendo desde o

Seu nascimento humilde em Belém até a glória de Sua Ressurreição diante de Seus Discípulos em Jerusalém (Evangelho, segundo Mateus, 28:1 a 10; Marcos, 16:1 a 18; Lucas, 24:1 a 12; e João, 20:1 a 23).

O *"Leão da tribo de Judá"*[23] também saiu para vencer e prossegue vencendo, pois **continua o exercício do Seu Sublime Mandato, atuando no Mundo Espiritual e material, por intermédio do Espírito Santo, para conduzir a humanidade à salvação.**

Quando pensaram que O haviam destruído e O elevaram na cruz, aí é que Ele ficou no alto, pairando sobre todas as cabeças — ou seja, sobre a ignorância, a maldade, o ódio, o egoísmo, a ganância, a mesquinharia, a maledicência, tudo aquilo que o ser humano produz de supérfluo e transitório —, para que os povos vejam o Seu exemplo de vitória.

***"Saiu vencendo e para vencer"*, com a Primeira Caridade, isto é, a primeira força, e para triunfar com ela.**

Perceberam como o Apocalipse tem uma ligação perfeita entre os capítulos?

— *Mas como o senhor sabe disso?*

Jesus assegurou que o Espírito Santo falaria por nós (Boa Nova, segundo Lucas, 12:12). Eu vivo de

---

[23] ***"O Leão da tribo de Judá"*** — Apocalipse, 5:5.

coração aberto, dando a minha vida por estas Obras Santas — a Quarta Revelação —, assim como vocês o fazem. Pelo Divino Mestre e por vocês, eu prego, escrevo, componho músicas, administro... Não estou brincando. E faço isso como se fosse meu primeiro dia na LBV, aquele mesmo sentimento com que fui arrebatado em Espírito, no dia 29 de junho de 1956, quando ouvi o Irmão Zarur pela Rádio Tamoio, no Rio de Janeiro/RJ, logo pela manhã e bradei decidido para minha saudosa mãe Idalina Cecília de Paiva: **É com esse que eu vou!**

Estou aqui até hoje. Não deixo morrer em mim a Primeira Caridade, pois o Amigo Celeste deseja que tenhamos coragem de prestar o testemunho fiel. E quando estamos com Ele, mesmo com todos os desafios, é prazeroso à Alma. Sempre digo: **servir a Jesus não é sacrifício. É privilégio!**

Se quisermos acompanhar o Cavaleiro do Cavalo Branco, que é o Cristo de Deus, temos de perseverar Nele e não esquecer a Primeira Caridade. O Sublime Educador quer que triunfemos com Ele:

> — *No mundo, tereis tribulações. Tende, porém, bom ânimo, porque **Eu venci o mundo*** (Evangelho, segundo João, 16:33).

A minha Primeira Caridade

***Academia Jesus, o Cristo Ecumênico, o Divino Estadista** — O tema da Primeira Caridade, tão destacado na Igreja em Éfeso, jamais deve ser relegado a plano secundário em nossa marcha para Deus. E os exemplos daqueles que se mantêm perseverantes nela precisam ser sempre oportunamente seguidos, se quisermos atingir o cume dessa senda luminosa.*

Por isso mesmo, fomos buscar o relato pessoal do Presidente-Pregador da Religião de Deus, do Cristo e do Espírito Santo, constante de "O Carisma do Líder da Boa Vontade" (1º fascículo), encarte especial do jornal O Ímpar, *de 2004, além de um compilado de outros textos, espalhadas na literatura da Boa Vontade:*

Ao voltar meu olhar ao pretérito, minh'Alma regozija-se por ter, em todas essas décadas de militância ativa e efetiva nas Instituições da Boa Vontade, experimentado, desde muito cedo, lutas e desafios. A inspiração para os triunfos nas batalhas que a vida a todos impõe reside nos viçosos exemplos de Boa Vontade, Perseverança e Fé Realizante ofertados por Jesus, o Cristo Ecumênico, o Celeste Estadista, quando de Sua Majestosa Presença entre nós.

José de Paiva Netto; o pai dele, seu Bruno Simões de Paiva; a mãe, dona Idalina Cecília de Paiva; e sua irmã, Lícia Margarida.

Tive o privilégio de nascer no seio de uma família que se ama, fator basilar para a sólida formação moral de qualquer sociedade. E, aqui nesta obra, presto justa e sincera homenagem aos meus amados pais, Bruno Simões de Paiva (1911-2000) e Idalina Cecília de Paiva (1913-1994), e à minha irmã, Lícia Margarida de Paiva (1942-2010). **Na casa onde impera o Amor, a razão é justamente a alegria, o júbilo.** Cantávamos, brincávamos... Minha mãe foi severa, mas muito amorosa. Meu pai foi o grande incentivador e um dos maiores responsáveis por minha formação cultural.

Ainda muito jovem fui despertado para o Ideal da Legião da Boa Vontade, fato que determinou todo o meu destino. Sob a batuta do radialista, jornalista e poeta Alziro Zarur (1914-1979), forjei meu caráter na constante preocupação em melhorar as condições de vida da parte mais sofrida da sociedade e de aproximar as criaturas humanas do Poder Superior que nos criou: Deus!

Compromisso com o Bem

Ao recordar um pouco o início de minha vida legionária, experimento no coração ímpeto igual ao de outrora. E me sinto o mesmo jovem que, em 1956, no dia dedicado a São Pedro e São Paulo, 29 de junho, atravessou os benditos portais dessas Casas Santas. **O espírito da Primeira Caridade** — advertência do Profícuo Provedor registrada na Carta à Igreja em Éfeso (Apocalipse, 2:4 e 5), que estamos juntos estudando — **é o combustível dos que mantêm acesa a chama do compromisso com o Bem**.

Em *Liderar sob a Proteção de Deus*, ainda nos originais, assevero que nunca me esquecerei da Primeira Caridade, **aquela que nos fez, por tudo e por todos, fortes no Cristo**. O Celeste Pastor, nosso Exemplo-Mor, é *"o Caminho, a Verdade e a Vida"*[24], sem o Qual ninguém chega ao Pai, que existe, esplendente, Nele mesmo, por ser UM com o Criador. Em nós também

---

[24] Afirmou Jesus: ***"Eu sou o Caminho, a Verdade e a Vida. Ninguém vem ao Pai senão por mim"*** (Evangelho, segundo João, 14:6).

habita essa centelha da conexão perfeita em Deus, pronta a brilhar, à medida que, nos integrando no Pai Celestial, cresçamos corretamente. Isto é, sem nos intimidarmos por fronteiras castradoras, porquanto Sua extensão religiosa, política, social, econômica, filosófica, científica, artística, esportiva e assim por diante é todo o Universo, a nossa Grande Pátria. **A questão é nos integrarmos no Dia do Senhor**, por meio do qual **desfrutaremos a Glória Cósmica de Deus**. Hoje, agora e sempre, nosso sucesso espiritual, material e referência é Jesus! Lembremo-nos constantemente disso.

Minha Política: começar já!

Ainda temos muito o que realizar em benefício do povo. Socorrê-lo, iluminá-lo, esclarecê-lo nas questões que envolvem o bem-estar espiritual, moral e físico, tendo como base a Boa Nova de Jesus, entronizada nos corações e nas mentes, em Espírito e Verdade, à luz do Seu Novo Mandamento:

> — *Amai-vos como Eu vos amei. Somente assim podereis ser reconhecidos como meus discípulos (...). Não há maior Amor do que doar a própria vida pelos seus amigos.*
>
> (Evangelho, segundo João, 13:34 e 35; e 15:13)

Contudo, alguém que me concede a honra dessa leitura pode indagar:

— *Mas o senhor já não está avançado em idade?*

Isso me reporta a uma entrevista que concedi à jornalista Stela Maris, da revista *Flash*, de Buenos Aires, Argentina, em 19 de dezembro de 1986. Em certo momento de nosso bate-papo, comentei: Getúlio Vargas (1882-1954) estava na fazenda dele, em São Borja/RS, plantando um carvalho ou outra dessas árvores que demoram a crescer. Então, alguém chegou para ele e disse:

— *Dr. Getúlio, o senhor já está com 70 anos e isso só vai crescer daqui a 20.*

Ele respondeu:

— *Por isso mesmo estou plantando-a agora.*

É o meu pensamento acerca da atuação solidária da LBV e da Religião Divina. Alguns externam:

— *É um idealismo distante...*

Eu argumento: Sim, mas é certo. Se é demorado, comecemos ontem. **A minha política é esta: come-**

çar já! A questão é quanto mais difícil for o trabalho, quanto antes devemos iniciá-lo. E, claro, com competência e acompanhá-lo com dedicação.

Mantenhamos, pois, o Espírito sempre juvenil e a prodigalidade no Amor Fraterno em Cristo que nos une, e não é de hoje. E conservemo-nos, ao mesmo tempo, na vivência da Justiça que não suporta a ociosidade, mormente numa Casa que dignifica um Sublime Ser que se submeteu à cruz infamante para que viéssemos a ter acesso à salvação; portanto, à Existência Eterna.

Em circular que redigi aos Cristãos do Novo Mandamento de Jesus, em 23 de março de 1988, às 4h51 da manhã, intitulada "Nunca nos faltastes, Jesus!", assim me expressei:

Luto por merecer a Caridade de Deus. Fortalecido, pois, nela, me regozijo cheio da Esperança Divinal e na certeza da continuação dessa tarefa. Porquanto, em todos os momentos — repito, na esperança de que o meu testemunho possa servir de exemplo àqueles que cerram fileiras conosco —, procuro guardar em minha Alma **a Primeira Caridade** (Apocalipse de Jesus, 2:4) — **aquele ímpeto que, magicamente, nos impulsiona quando descobrimos o Bom Ideal de nossa vida: Jesus, o alento dos sofredores, a Medicina Preventiva de que o mundo tanto carece.**

Lavo-lhes e respeitosamente beijo-lhes os pés, da mesma forma exemplificada por Ele. E assim devem agir os Cristãos do Novo Mandamento, Amigos de Jesus, visto que já aprenderam a não confundir covardia com humildade. O Irmão Zarur ensinava que

— ***a LBV é um compromisso que não cessa nem com a morte.***

Avante, pois, Guerreiros do Cristo! Construtores corajosos da Paz de Deus entre os seres humanos na Terra!

Jesus nos aguarda, lá adiante!

Avante!

O que é a Primeira Caridade? O Pedagogo Sublime está aludindo ao arrebatamento inicial, o fogo que arde por dentro quando nos deparamos com nosso ideal de vida e tudo faz sentido em um átimo de segundo.

RESISTIR À PASSAGEM DO TEMPO

Pelo prisma humano — que é muito limitado quando distante da nossa autêntica feição, o Espírito —, alguém poderia argumentar, pautado por raciocínio e fé rasos, que os efésios teriam reais motivos para desanimar, haja vista a Promessa do Senhor: **em breve voltarei**. E os anos passavam, mas o Cristo não retornava. E notamos que isso era assunto recorrente até mesmo em outras comunidades, como podemos ler na Carta encaminhada por Paulo Apóstolo aos cristãos da cidade de Tessalônica, na época pertencente à província da Macedônia no Império Romano:

> 1 *Irmãos, no que diz respeito à **vinda de Nosso Senhor Jesus Cristo** e à nossa reunião com Ele, rogamo-vos*
>
> 2 *que **não se deixem abalar** nem alarmar tão facilmente, quer por profecia, quer por palavra, quer por carta supostamente vinda de nós, **como se o Dia do Senhor já tivesse chegado**.*

> 3 ***Não deixem que ninguém os engane*** *de modo algum.* ***Antes daquele dia virá a apostasia*** *e, então, será revelado o homem do pecado, o filho da perdição* [o anti-Cristo].
> 4 *Este se opõe e se exalta acima de tudo o que se chama Deus ou é objeto de adoração, a ponto de se assentar no santuário de Deus, proclamando que ele mesmo é Deus.*
> 8 *Então, será revelado o perverso, a quem o Senhor Jesus destruirá com o sopro de Sua boca e o aniquilará com o resplendor da Sua Vinda.*
>
> (Segunda Epístola aos Tessalonicenses, 2:1 a 4 e 8)

Antecipando-se a esses equívocos, o Prudentíssimo Jesus prometeu que mandaria o Espírito da Verdade, ou Paráclito, porque aquela geração ainda não estava pronta para compreender muitas coisas (João, 14:16 e 17). Imaginem se o Cientista dos cientistas fosse explicar àquelas mentes iniciantes nos temas espirituais o sentido ultradimensional de Espaço-Tempo, segundo a Lógica Divina, ou o que significa o Dia do Senhor, por exemplo. Já lhes disse que o Dia do Senhor é estarmos integrados no Espaço-Tempo de Deus[25]. Porque

---

25 Leia o capítulo "A questão do Dia do Senhor", na obra *Somos todos Profetas* (1991), de Paiva Netto, que faz parte da coleção "O Apocalipse de Jesus para os Simples de Coração".

para o ser humano o tempo flui, passa. Dividimo-lo em dia e noite, com 24 horas; 12 meses compondo o ano. Entretanto, para Deus o Tempo está, o Tempo é.

Por isso, quando Jesus diz breve, é breve mesmo, pois um milhão de anos, sob a nossa conceituação humana, restrita às convenções da Física planetária, continua fugaz aos olhos de Deus. Já o seria se aqui tratássemos unicamente de distâncias estelares, das propriedades do Universo material. Quanto mais no que tange às Leis da Física Divina, que submete às suas normas o Universo Espiritual, com suas esferas dimensionais ainda invisíveis, as quais, em termos filosóficos, podem ser sobrepostas, não apenas paralelas... Para o Criador DO Tudo e Seu Filho[26], o que é um milhão de anos? Cem bilhões de anos? Duzentos trilhões de anos? De novo: para Ele, o tempo não passa, minhas Irmãs e meus Irmãos. Até você que está acostumada ou acostumado a uma vida de muito dinamismo fala assim:

> — *Olha, está bem, mas esse negócio de ficar vivo eternamente dá nos nervos...*

---

[26] Para saber mais sobre o conceito físico-filosófico "DO Tudo", recomendamos a leitura de "Jesus, o Senhor DO Tudo", em *Jesus, a Dor e a origem de Sua Autoridade — O Poder do Cristo em nós* (2014), da lavra de Paiva Netto.

A sensação da passagem do tempo pode ser entediante. Além disso, a certa hora da vida você pode se lamentar:

— *Não sei o que mais estou fazendo aqui na Terra... Tudo dá errado...*

Aliás, esse é um pensamento falho, uma vez que todos nós enfrentamos fases de transformação. E toda mudança, com exceções raríssimas, é sempre dolorosa, porque esse é um mundo de prova e expiação, em que temos de quitar as nossas dívidas, frutos da existência presente ou de atos de nosso pretérito reencarnatório.

Mas, se o indivíduo se livrar desse conceito terreno de Espaço-Tempo, em que você acorda, se levanta, passa o dia, dorme e assim sucessivamente, perceberá que a Eternidade não nos cansa nem é enfadonha. E interromper a vida, por meio do nefando suicídio[27], torna-se ainda mais sem sentido, pois há continuidade perpétua da existência.

[27] **Atendimento Pela Vida** — Essa ação de Assistência Espiritual Ecumênica da Religião Divina visa confortar, acolher e esclarecer Irmãs e Irmãos que enfrentam graves desafios, especialmente os que pensam no suicídio. A ação ocorre virtualmente nas redes sociais e ainda conta com visitas presenciais nos lares. Mande mensagem pelo chat: Facebook.com/ReligiaodeDeus.

Gosto de citar o que o Apóstolo Pedro nos ensina nos versículos de 8 a 13 do capítulo 3 de sua Segunda Epístola sobre essa conceituação amplíssima do Tempo e a resposta que deu aos queixosos da época, esclarecendo a quem possa ter argumentado que havia uma razão plausível ao esfriamento da Fé, denunciada por Jesus em Sua Carta aos efésios:

A vinda do Senhor e o seu significado

8 *Mas, amados, não ignoreis uma coisa:* ***um dia para o Senhor é como mil anos, e mil anos, como um dia que já passou****.*

9 ***O Senhor não retarda a Sua promessa, ainda que alguns a tenham por tardia; mas é longânimo para conosco, não querendo que ninguém se perca, senão que todos venham a arrepender-se.*** [Jesus respeita o tempo de maturação espiritual dos povos...]

10 ***O Dia do Senhor virá, entretanto, como ladrão****, no qual os Céus passarão com estrepitoso estrondo e os elementos aéreos se desfarão abrasados; também a Terra e as obras que nela existem serão atingidas.*

11 *Visto que todas estas coisas hão de ser assim desfeitas, deveis ser como aqueles que* ***vivem em santo procedimento e piedade,***

12 ***esperando e apressando a vinda do Dia do Senhor****, por causa do qual os Céus, incendiados, serão desfeitos, e os elementos abrasados se derreterão.*
13 ***Nós, porém, segundo a Sua promessa, esperamos Novos Céus e Nova Terra, nos quais habitará a Justiça de Deus.***

(Segunda Epístola de Pedro, 3:8 a 13)

Confiante no Poder de Deus e nas Sagradas Promessas do Cristo, escrevi, aos 18 anos, em um caderninho: **fora do meu dicionário a vil palavra desânimo! Jesus está chegando!**

Ao recordar um pouco o início de minha vida legionária, experimento no coração ímpeto igual ao de outrora. E me sinto o mesmo jovem que, em 1956, no dia dedicado a São Pedro e São Paulo, 29 de junho, atravessou os benditos portais dessas Casas Santas. O espírito da Primeira Caridade — advertência do Profícuo Provedor registrada na Carta à Igreja em Éfeso (Apocalipse, 2:4 e 5), que estamos juntos estudando — é o combustível dos que mantêm acesa a chama do compromisso com o Bem.

O COMPANHEIRISMO VERDADEIRO

Como vimos, os valentes de Éfeso foram abandonando aquele ímpeto idealístico, que todo mundo tem quando descobre a Verdade. E, em face das convocações do mundanismo ou das lutas encarniçadas pela sobrevivência, infelizmente, muitos se enfraqueceram. Daí a importância de cumprirmos **A Fórmula Urgentíssima de Jesus**, conforme dizia o saudoso Irmão Zarur, que também denomino de **A Ordem Urgentíssima Econômica do Cristo**:

> — *Buscai primeiramente o Reino de Deus e Sua Justiça, e todas as coisas materiais vos serão acrescentadas* (Evangelho, segundo Mateus, 6:33).

Caso a pessoa não permaneça nessa faixa vibratória, pode perder aquele ânimo inicial e desistir pelo caminho. E qual precisa ser nossa postura, enquanto componentes da Grande Família Humanidade, em especial, dos nossos grupamentos religiosos? Vejamos a ideia do companheirismo anotada por João Evangelista, logo no princípio do Apocalipse (1:9):

> — *Eu, João, irmão vosso e* ***companheiro na tribulação, no reino e na perseverança, em Jesus****, encontrei-me na ilha chamada Patmos, por causa da Palavra de Deus e do Testemunho de Jesus Cristo.*

Jamais deixemos o nosso coração ser desestabilizado pela angústia dos obstáculos interpostos por aqueles que não querem a vitória do Cristianismo, que é a vivência plena do Amor Universal. Quando a tribulação nos ameaça a vida, por almejarmos engrandecer a Obra de Deus, lembremo-nos Dele e dos que O amam. Elevemos ao Pai Celestial os nossos problemas, guardando no coração a certeza de que Ele nos dará o amparo, por intermédio dos que O respeitam e desejam o bem dos seus semelhantes. Essa é a ação da Sociedade Solidária Altruística Ecumênica, constituída por aqueles que se unem por um Ideal Superior, que representa esse estado fraterno de alma, manifestado por João.

Como as enormes provações se repetirão neste fim de ciclo que estamos vivendo, **esse espírito de companheirismo deve ser a nossa peleja diária**, para não sermos apanhados pelo anátema de termos perdido a Primeira Caridade, isto é, o Amor Divino em nós.

De outra forma, morreremos na praia. Entretanto, **é o sentido de companheirismo que salva a sociedade, porque sem Solidariedade, da qual Jesus é o Exemplo Maior, não há civilização duradoura, a não ser a da rapina e do ódio. E a indiferença à sorte de nosso semelhante jamais pode se instalar em nosso meio. Temos de lutar para que Irmãos nossos não caiam no desânimo.** O amigo leal procede assim, não deixa de enaltecer o que está bem, mas de maneira alguma se cala ao ser preciso admoestar e socorrer uma Alma em apuros, caso contrário não é amigo[28]. Recordo este ditado árabe que meu velho pai, Bruno, incutiu em minha mente quando eu ainda era bem jovem:

— *A coragem dos teus amigos multiplica tua força.*

Assumimos sérios compromissos espirituais uns com os outros. Por isso, o conceito autêntico de **Religiosidade** é o **espírito de comunidade, de irmandade, de Amor ao próximo, de sermos Amigos de Jesus**.

[28] Leia o adendo "A sentinela, a trombeta bem tocada e o povo" no terceiro volume das *Sagradas Diretrizes Espirituais da Religião de Deus, do Cristo e do Espírito Santo* (1991), da lavra do escritor Paiva Netto.

Amizade firmada em Jesus

Tenho dito, ao longo das décadas, que **amizade nascida no ideal eterno do Bem não se desfaz nunca**. E que paradigma maior que a Boa Vontade de Deus e o Amor do Mandamento Novo de Jesus? A Ordem Suprema do Amigo Celeste foi anotada por João Evangelista, em seus relatos da Boa Nova do Cristo, 13:34 e 35.

Reitero aqui o que ensinou o Excelso Educador:

— *Amai-vos como Eu vos amei. Somente assim podereis ser reconhecidos como meus discípulos.*

Esse é o fundamento do companheirismo que inspirou o Discípulo Amado na sua trajetória aqui na Terra e que deve cativar cada um de nós nas nossas boas ações pelo mundo, *"doando a própria vida pelos seus amigos"* (João, 15:13), conforme o Divino Provedor das nossas existências exemplificou.

Clemente de Alexandria

É o que podemos notar nos registros de Clemente de Alexandria (aprox. 150-215), ilustrando bem esse sentido de amizade embasada nas compassivas preleções de Jesus que devemos nutrir:

Escutai uma fábula, que não é propriamente uma fábula, mas verdadeira história, transmitida pela tra-

dição e guardada na memória, a respeito do Apóstolo João: Depois que morreu o tirano, João foi da ilha de Patmos para Éfeso. Ia, ao ser convidado, às regiões vizinhas dos gentios, ora para estabelecer prelados, ora para organizar Igrejas inteiras, ora para escolher como sacerdote um dos designados pelo Espírito.

Indo certa vez a uma das cidades pouco afastadas, cujo nome alguns conhecem, primeiro consolou os irmãos. Depois, olhou para o religioso desta Igreja, e vendo um jovem esbelto, de agradável aspecto e de espírito ardente, disse-lhe: "Confio-te este jovem, com todo empenho, diante da Igreja e de Cristo, como testemunhas". O patriarca recebeu-o e prometeu tudo cumprir. O Apóstolo repetiu as palavras, invocando as mesmas testemunhas.

Depois partiu para Éfeso. O presbítero, por sua vez, recebeu em sua casa o jovem que lhe fora confiado, cuidou de sua subsistência, protegeu-o, cercou-o de afeição e por fim batizou-o.

Mas depois disso, afrouxou os múltiplos cuidados e a vigilância, sob pretexto de que estava munido de perfeita proteção, o sigilo do Senhor.

O jovem, vendo-se de posse de prematura liberdade, deixou-se corromper por companheiros de sua idade, preguiçosos, dissolutos, de maus costumes. No início, levaram-no a esplêndidos festins; depois, arrastaram-no a saídas noturnas para roubar; logo julgaram-no capaz de cometer crimes maiores.

Ele ia se habituando aos poucos e em consequência de sua natureza ardente saiu do caminho reto, qual indômito e vigoroso cavalo, que rompe os freios e lança-se com ímpeto nos precipícios.

Tendo, por fim, perdido a esperança da salvação divina, não se limitou mais a pequenos planos, mas considerando-se perdido uma vez por todas, quis fazer algo de grande e julgou bom proceder como os outros. Reuniu, portanto, e organizou uma súcia de bandidos, da qual era o chefe mais indicado, por ser o mais violento, o mais homicida, o mais duro.

E o tempo foi passando. Sobrevindo um caso, João foi chamado. Após ter regulamentado as questões em vista das quais viera, disse: "Vamos, ó sacerdote, devolve-nos o depósito que eu e também Cristo te confiamos diante da Igreja a que presides e que nos serve de testemunha".

O ancião, no princípio, ficou estupefato, pensando numa soma de dinheiro que ele não recebera, e por cuja causa fora caluniosamente acusado. Não podia julgar possuir um dinheiro que não possuía, nem deixar de acreditar em João, que prosseguiu: "O dinheiro que reclamo de ti é o jovem, a alma de teu irmão". O velho deu profundo suspiro e chorou. Disse: "Ele morreu". — "Como e de que espécie de morte?" — "Ele morreu para Deus. Partiu para longe. É um malvado, um perdido, e para dizer tudo, é um ban-

dido. E agora ocupa a montanha defronte da Igreja, com uma tropa que se lhe assemelha".

O Apóstolo rasgou as vestes e, com um profundo gemido, batendo na cabeça, disse: "Deixei um bom guarda da alma de seu irmão. Mas traga-me imediatamente um cavalo e alguém para guiar-me no caminho". E saiu logo da Igreja, como estava.

Tendo chegado ao lugar, foi preso pelos bandidos da vanguarda e não tentou fugir. Nada pediu, mas exclamou: "Foi para isso que vim. Levai-me ao vosso chefe".

Este, contudo, aguardava-o armado. Ao reconhecer João, que caminhava ao seu encontro, teve vergonha e fugiu. Mas João reuniu suas forças, sem cogitar de sua idade, e foi atrás dele, clamando:

"Meu filho, por que foges de mim? De mim, teu pai, desarmado e velho? Tem piedade de mim, meu filho, não tenhas medo. Resta-te ainda esperança de vida. Eu prestarei contas em teu lugar a Cristo. Se for preciso, aceitarei de bom grado morrer por ti, como o Senhor morreu por nós. Darei a minha vida pela tua. Para. Tem confiança. Foi Cristo que me enviou".

Ao ouvir tais palavras, o jovem no começo se deteve, com os olhos cravados no chão; depois jogou para longe as armas; em seguida, tremendo, chorou amargamente. Abraçou o velho que se adiantava gemendo, pediu perdão como podia, batizado pela segunda vez nas lágrimas. No entanto, escondia a mão direita.

João lhe assegurou, prometeu sob juramento, que obtivera a remissão em seu favor junto do Senhor. Suplicante, ele pôs-se de joelhos, beijando-lhe a direita e asseverando que ela havia sido purificada pelo arrependimento. Depois levou-o à Igreja e intercedeu por ele com abundantes preces, ajudou-o a lutar por jejuns prolongados, animou-o com o encanto variado de suas palavras. Conta-se que não partiu antes de vê-lo reintegrado na Igreja, dando seguras provas de verdadeira penitência, um grande exemplo de renascimento, um troféu de visível ressurreição.

A distração humana quanto à própria sorte

A essência do bom companheirismo é que tem de habitar os nossos territórios espirituais e materiais. A lei do "tudo para mim, nada para os outros" resultou no que vemos por aí. Aliás, hoje o povo já vomita essa mentalidade. Afinal, **quando todos querem tirar vantagem, ninguém colhe proveito algum**. No combate a esse tipo de pensamento egoísta é que encontramos a origem de revoltas sociais como a Revolução Francesa (1789) e a Bolchevique ou Revolução Russa (1917).

A distração humana quanto à própria sobrevivência às vezes é de espantar. Exemplo: no admirável filme *Guerra e Paz* (1956), inspirado no livro homônimo do célebre escritor Leon Tolstoi (1828-1910), conta-se

que, quando Napoleão Bonaparte (1769-1821) se aproximava de Moscou, jovens aristocratas entupiam-se de álcool, fazendo inacreditáveis acrobacias nas janelas enquanto derramavam vodca goela abaixo. Está bem!... o Corso perdeu a guerra, mas sua derrota teve início desde a aproximação do "general inverno", que botou no século seguinte, o 20, Hitler (1889-1945) e Von Paulus (1890-1957) de joelhos. É verdade também que os russos acabaram adotando a política de "terra arrasada" do ex-ministro da guerra Mikhail Barclay de Tolly (1761-1818), e o general Kutuzov (1745-1813) impiedosamente fustigou Bonaparte até que o viu fora da Rússia.

Ainda para ilustrar essa completa alienação humana à sua própria sorte, temos o caso da mulher de Ló, que não quis acompanhar o marido e os filhos. Consta na Bíblia (Gênesis, 19:26) que ela olhou para trás e virou uma estátua de sal. Significa dizer que ficou por lá. Quando tentou fugir, não havia mais tempo. A chuva de enxofre e fogo (Gênesis, 19:24) transformou-a numa estátua de sal, literalmente falando. Acredito que vocês já devem ter visto isso em documentários que mostram, por exemplo, os corpos durante as escavações realizadas nas cidades romanas de Pompeia e Herculano, que, em 79 d.C., foram calcinadas pelo vulcão Vesúvio.

No entanto, há muita gente que, se o corpo não se converte numa estátua de sal, o caráter assim fica, porque o

Espírito já respirou muitos gases tóxicos do egocentrismo e de ideias e costumes que só contaminam o coração.

Por sua vez, a índole personificada por João Evangelista permite que os seguidores fervorosos do Cristo Ecumênico, o Divino Estadista, Autor do Livro da Revelação, possam ser **os sobreviventes e os estafetas que levarão a Mensagem Dele às novas Igrejas da Ásia da atualidade**, como tantos assim o fizeram no passado.

Enfim, **o exemplo do bom companheirismo de João, expresso na sua fidelidade inarredável a Jesus — *"(...) na tribulação"* —, tem de ser a nossa permanente bandeira**. Apenas assim não seremos tisnados, como os integrantes da Igreja em Éfeso, pelo opróbrio de ter perdido a Primeira Caridade. É ainda o **modelo do bom companheirismo evangélico e apocalíptico vindo do Profeta de Patmos**, que nos ensina — *"no reino e na perseverança em Jesus Cristo"* — a **jamais desanimar. Mesmo que as procelas da existência humana ambicionem sufocar o peregrino em sua trajetória, ele prossegue resoluto em sua marcha.**

A liberdade do exílio

O que estou destacando a vocês aqui, à saciedade, martelantemente? Qual é o princípio que devemos cultivar, de pronto registrado por João Evangelista nas páginas iniciais do Apocalipse?

É o **ESPÍRITO DE COMPANHEIRISMO**, que o repórter-profeta aprendeu com Jesus. Por isso, falo em Equipe Solidária Legionária. **De modo algum podemos prescindir da Primeira Caridade, porque do contrário morreremos pela secura da Alma, por falta dessa linfa bendita chamada Amor Fraterno.** Sem ele, o coração fica árido, o Espírito, desértico. Logo, isso se traduz em atitudes estéreis, promotoras da violência, da fome, do aborto provocado, da ganância, do egoísmo, da guerra, da poluição, do racismo, do preconceito de todos os matizes... Não me refiro aqui apenas a esse sentimento humano que nos deve ser intrínseco, exalto sobretudo o Amor Divino, no qual, para o nosso próprio êxito, necessitamos abalizar nossas existências.

Reparem que João estava preso pelos romanos, mas era livre pelo Espírito Santo. Ao entrar no Dia do Senhor — aquela condição ideal acima do espaço-tempo humano —, ele pôde receber de Jesus, por ordem de Deus, por intermédio de um Anjo, **o Livro da Libertação Espiritual da humanidade**. Repositório Sagrado que nos conforta ao revelar Novo Céu, Nova Terra, a Nova Jerusalém, em que o Pai Celestial faz *"novas todas as coisas"* (Apocalipse, 21:5). **O Redentor Apocalipse simplesmente anuncia a maior e mais aguardada notícia de todos os tempos: a Volta Triunfal de Nosso Senhor Jesus Cristo!** Nada disso seria possível ao nosso entendimento sem esse **jornalismo apoca-**

líptico, porquanto nós, os seres humanos, ainda somos muito cegos àquilo que nos pode salvar. João, o irmão de Tiago Maior — os *"filhos do trovão"*, maneira pela qual Jesus se referia a ambos (Marcos, 3:17) — era fiel e corajoso. Mesmo exilado na ilha de Patmos, sua palavra escrita tornou-se companhia para todos os que enfrentam provações, desde as épocas mais remotas até hoje. Assim devemos agir todos nós e nos prepararmos para sermos sempre companheiros em Cristo, pois o mundo sofrerá a maior tribulação de sua história (Boa Nova, segundo Mateus, 24:21). **O Armagedom está às portas** (Apocalipse, 16:16). João se identifica, repetimos, como *"irmão vosso e* ***companheiro****"* (Apocalipse, 1:9), porque essas são condições de todos os que se juntam para superar tudo *"**na tribulação, no reino** —* isto é, no testemunho a Cristo Jesus *— e **na perseverança*** [Nele]".

Tiago Maior

O Irmão Zarur já versejava em seu magnífico "Poema da Amizade":

....

....

....

....

Que amizade se mostra é no perigo,

No luto, na ruína e no sofrer:
Porque, afinal, é fácil ser amigo
Nas horas deliciosas de prazer.

....
....
....
....

Por isso eu tenho — espírito de velho
Que não compreende a vida em solidão —
Meu particularíssimo Evangelho:
Amizade é a minha religião.

Estamos diante de um impoluto exemplo de como **a liberdade não depende das circunstâncias externas, mas da comunhão com Deus**. João não se deixou abater pela opressão de indivíduos ignorantes e reféns do poder humano — apesar de se acharem donos do mundo, estes, sim, eram apenas tristes cativos —, todavia se elevou pela Inspiração Superior. Ele foi além da visão material restritiva das coisas, tendo seus sentidos ampliados pela Revelação Celeste captada no Espaço-Tempo Divino. Ao não se conformar com a condição presente, transformou-se pela Esperança e pela certeza do porvir, sustentadas na Auspiciosa Promessa do Criador Supremo.

João nos facultou um legado de companheirismo autêntico, que suplanta as dores deste orbe tão desalmado, e nos ofertou seu brado de liberdade corajosa, ao não temer receber o Apocalipse. Nesse Livro Sagrado, nos deparamos com as Verdades Eternas que nos libertam das mentiras temporais. Vislumbramos as Profecias que partem as algemas das incertezas. Encontramos as visões sublimes que nos afastam das ilusões terrenas. Desfrutamos das bênçãos que nos livram de toda e qualquer maldição. Por fim, **albergamos magníficas vitórias da Luz que nos blindam das derrotas que as trevas tentam nos impor**.

Que possamos estudar o Apocalipse com atenção e profunda reverência, nos esmerando em **compreender e aplicar os conhecimentos que a Revelação nos oferta com sabedoria e Fé Realizante**. Por intermédio da vivência desses Magnos Preceitos, **anunciemos os Ensinamentos do Mestre com Amor, Justiça e Coragem**, para sermos livres como João, o exilado de Patmos, que nos apresentou **a libertação pela Sapiência Espiritual transmitida pelo Sábio dos Milênios, Jesus**.

O exemplo do bom companheirismo de João Evangelista, expresso na sua fidelidade inarredável a Jesus — *"(...) na tribulação"* —, tem de ser a nossa permanente bandeira. Apenas assim não seremos tisnados, como os integrantes da Igreja em Éfeso, pelo opróbrio de ter perdido a Primeira Caridade. É ainda o modelo do bom companheirismo evangélico e apocalíptico vindo do Profeta de Patmos, que nos ensina — *"no reino e na perseverança em Jesus Cristo"* — a jamais desanimar.

A POESIA ÉPICA DO LIVRO DA REVELAÇÃO

O Apocalipse é a mais eloquente poesia épica, pois revela, em versos místicos e sublimes, **a vitória final do Cordeiro de Deus sobre o dragão** (12:7 a 12), **a glória da Nova Jerusalém** (21:1 a 27) e **a herança dos bem-aventurados** (1:3). É também **a mais bela expressão de Esperança** em meio aos graves alertas trazidos para nossa correção de rumos, porque anuncia, em letras vibrantes e jubilosas, **a Volta Triunfal de Jesus** (1:7), o Rei dos reis e Senhor dos senhores.

Ao percorrermos suas páginas cheias de simbolismos, mas plenas da Misericórdia Divinal — porquanto ele de maneira alguma foi desvelado para inundar com pavor fantasmagórico as nossas mentes —, encontramos letras refulgentes da Claridade de Deus. **Amparando-me em Jesus** — que nos alerta para o fato de que, se os olhos das pessoas são trevas, tudo em que elas pousarem a visão será obscuridade[29] —, **é preciso que todos iluminem os seus Espíritos e expandam a sua Consciência Divina.** Todos a possuem, em virtude da **natureza de sua origem espiritual**. A partir disso, verão que as descrições ditas aterrorizantes não foram causadas pelo Apocalipse, mas pela própria vida humana quando mal vivida. **O Livro da Revelação apenas fotografa a nossa Alma.** Que ela seja repleta da Luminosidade Excelsa, uma vez que as maravilhas que o Apocalipse encerra somente subirão à superfície de nosso entendimento pelas nossas ações decididas no Bem!

Não se acomodar

Os integrantes das Instituições da Boa Vontade, antes de iniciarem seus afazeres profissionais, elevam o pensamento a Deus em prece para um novo dia de trabalho, agradecendo as renovadas oportunidades em sua lide. Durante uma dessas reuniões matinais, realizadas com os Legionários da Boa Vontade e Cristãos do Novo Mandamento de Jesus, que comandei em São Paulo/SP, no dia 21 de novembro de 1990 (quarta-feira), ao abordar a Igreja em Éfeso, afirmei:

---

[29] **A luz e as trevas** — Evangelho de Jesus, segundo Mateus, 6:22 e 23: *[22] São os olhos a lâmpada do corpo. Se os teus olhos forem bons, todo o teu corpo será luminoso; [23] se, porém, os teus olhos forem maus, todo o teu corpo estará em trevas. Portanto, caso a luz que em ti há sejam trevas, que grandes trevas serão!*

Há alguns que se aproximam de movimentos religiosos com toda aquela vontade, mas, depois, vem uma primeira dificuldade, alguém lhe deu uma pisadinha nos pés, ou não lhe sorriu, ou então a pessoa acha que sabe demais e cai na rotina. **A pior desgraça que pode acontecer com quem segue o caminho de Jesus é entrar no comodismo e viver no automático.**

Recordo-me bem que o saudoso Irmão Zarur às vezes telefonava para mim e perguntava:

— *Está tudo bem aí, Paiva? Está tudo calmo?*
— Sim, Presidente Zarur, tudo calmo.
— *Vocês estão com problemas aí para resolver?*
— Sim, mas está tudo bem.
— *Se não tiverem, eu arranjo!*

Aí dava aquela boa gargalhada, sonora, bonita, e eu entendia o recado: era **o desafio de não cair na rotina**.

A lógica do Peixinho Vermelho

Isso se dá igualmente nas questões espirituais. Se você se encosta e exclama:

— *Minha vida está muito boa!*,

acaba se enquadrando naquela história do peixinho vermelho, antiga lenda egípcia, que o Espírito Emmanuel

Emmanuel

relembra a todos, e até as crianças adoram estudar, com as ilustrações do poço, do mar, dos animais marinhos, que estão no livrinho infantil do selo Soldadinhos de Deus, da LBV[30].

Em resumo, havia um laguinho com uma comunidade de peixes que viviam sem perspectivas, no sedentarismo, acomodados na preguiça, na gula, comendo mosquinha, larvinha... Um dia, um peixinho vermelho, que era desprezado pelos seus e havia adquirido um gosto profundo por estudar e buscar novos conhecimentos, conseguiu sair por uma pequena fresta da grade do poço. Então, se deparou primeiro com um rio e depois com um oceano de aprendizados. Ao escapar daquele "mundo aquático", percebeu que uma seca causticante poderia estorricar o laguinho e "fritar" todos os que lá permanecessem com

suas vidinhas sem muitas preocupações. Compadecido daqueles que deixara para trás na sua jornada, decidiu regressar para lhes contar o que existia para além daquelas grades. Ninguém lhe deu ouvidos. Sob a alegação de que o

[30] A Lenda do Peixinho Vermelho está publicada no primeiro volume da coleção "Fábulas da Natureza", da Editora Elevação (selo Soldadinhos de Deus, da LBV). Acesse: www.ClubeCulturadePaz.com.br.

lago era o centro do Universo, o expulsaram de lá com golpes de sarcasmo. Passados alguns anos, o lago realmente secou e os peixes pereceram, enquanto o peixinho vermelho estava a salvo, no Palácio de Coral.

Escrevi na edição número 30 do *Jornal LBV*, de fevereiro de 1986, que essa lenda retrata o trabalho de iluminação dos Espíritos realizado pela Religião de Deus, do Cristo e do Espírito Santo, neste final de ciclo apocalíptico. Bendita Obra que, descendo à Terra, vinda do Astral de Jesus, revela aos peixes terrenos as belezas de nossa Pátria de origem, o Mundo da Verdade, a outra dimensão, que a Ciência humana começa a descobrir. Contudo, os Discípulos do Cristo, integrados na Sua Divina Ciência, já as vislumbravam por efeito da intuição, que fala aos corações com a velocidade do Espírito, ou seja, instantânea, aclarando-os com o poder de milhões de sóis, que expulsam toda a treva.

Eis aí a lição singela do peixinho vermelho, necessária a milhões de Almas angustiadas, temerosas de avançar além das grades dos preconceitos, das ideias ultrapassadas — às vezes, até brilhantes para um período —, de ampliar o seu conhecimento da Verdade e se libertarem. Essas perspectivas emboloradas são retardadoras do progresso humano integral, porque as provas que pedem do Outro Lado da Vida estão aí, às escâncaras, no cotidiano, no sentimento do ser humano bom, no extraordinário mecanismo que move bilhões de bilhões de corpos celestes pelos vastíssimos caminhos do Universo, do qual fazemos parte.

"Renovar ou morrer"

Qual é o lema de Jesus, que o Fundador da LBV implantou na Instituição? Com a palavra, o próprio Irmão Zarur:

> — *Já expliquei, pelo rádio, pela imprensa e pela televisão, que isto é uma síntese dos ensinamentos de Jesus, no Seu Evangelho e no Seu Apocalipse.* ***Renovar ou morrer: ou mudar de mentalidade à luz do Novo Mandamento do Cristo ou entrar na morte espiritual causada pela obstinação nas velhas crenças superadas.***

Isso inspirou o soneto que encerra a sua obra *Poemas da Era Atômica* (1949) e se faz oportuno reproduzir aqui. Os primeiros quatro versos, isto é, a primeira estrofe, o vate colocou entre aspas, porque significa que está apresentando questionamentos que não são dele, com os quais não concorda. Mas em seguida vai esclarecer:

Para a frente e para o alto

"Quem pode resolver esse grande problema?
Quem é que está errado e quem é que está certo?

Quem é escravo, afinal, e quem é o liberto,
Nas mil contradições do Cármico Sistema?"

É a voz da treva, Irmão. Avance e nada tema:
Adiante vai o Cristo, e você já está perto.
Prossiga de alma forte e coração aberto:
Atingir o Equilíbrio é a meta suprema!

Não se deixe enredar nas dúvidas hostis
Dessa estrada cruel, de tentações sutis,
Que o podem conduzir ao Absinto Final.

Renovar ou morrer *é o lema libertário*
Que afirma, alto e bom som, a cada Legionário:
— O Bem nunca será vencido pelo mal!

Entenderam a importância desse lema de Jesus que o Irmão Zarur ensinou a todos nós? **A existência humana é renovação constante.** A Vida, conquista diária, deve ser realizada com espírito de Boa Vontade: **não basta ter agido bem ontem**. **Necessário se faz melhor caminhar hoje e ainda mais gloriosamente amanhã**, porque o contrário seria trilharmos o atalho do retrocesso espiritual. Isso seria um absurdo, porque **a Lei de Deus não permite o recuo**. Então, **é renovar ou morrer**, porquanto **a Religião Divina também é**, de fato, **um progresso permanente**.

A lição vinda de Aracaju

Não devemos nos deitar sobre os louros do que realizamos no passado, isso prejudica quem pensa assim. Conversei acerca disso com a imprensa, no ano de 1985, quando estive de passagem por Sergipe, em um roteiro que os jornais daquele simpático Estado chamaram de "Escala de Amor". Na oportunidade, no aeroporto da acolhedora Aracaju, concedi longa entrevista, depois publicada no segundo volume de *O Brasil e o Apocalipse* (1985), da qual destaco a seguinte pergunta que me foi feita:

> — *Dentro da programação de vida material e espiritual que a Legião da Boa Vontade ensina para os jovens, leva-se em conta uma perfeita atualização dentro dos novos padrões da sociedade?*

Respondi: Naturalmente. Quem isso não faz está perdido: transforma-se numa pedra no caminho dos povos. Tudo vive um processo de atualização constante. Se assim não fosse, estaríamos ainda no tempo da pedra lascada. E a LBV vive perfeitamente de acordo com a equação do progresso espiritual, moral e humano. Seu lema é: Renovar ou morrer! Quem não inova, e não se renova, fenece, mesmo que permaneça respirando. Muita gente pensa que ainda tem como células do corpo as do dia do seu nascimento. E elas, salvo as exceções, renovaram-se tantas vezes... **A Legião da Boa Vontade está sempre adiante, mas sem menosprezar suas raízes.** E mais: está à frente, porque sua característica é o pioneirismo. Daí, permitam-nos a imodéstia, vir inspirando tanta gente que quer renovar, sem destruir os degraus que usou para subir. Isso é uma prova de que é amada, pois só se copia aquilo que se ama. Aliás, costumo dizer: **a LBV nasceu para amar e ser amada! E seu caminho é a vanguarda.**

Portanto, digo eu nos tempos de agora, **aplicando esse lema em todas as áreas da vida, seja no âmbito privado ou público, combateremos o esfriamento da Primeira Caridade nos corações, porquanto, repito, é primordial que as nossas raízes sejam sempre preservadas**. Aliás, gosto muito de um pensamento da professora queniana, ativista política do meio ambiente e Nobel da Paz de 2004, Wangari Maathai (1940-2011), que já publiquei em outras ocasiões, inclusive na revista BOA VONTADE *Mulher*[31] em quatro

[31] **Revista BOA VONTADE *Mulher*** — Anualmente, a Organização das Nações Unidas (ONU) promove a sessão da Comissão sobre a Situação das Mulheres (CSW, na sigla em inglês), criada pelo Conselho Econômico e Social da ONU (Ecosoc) em 1946. Em virtude da abrangência de seus serviços, programas e ações e da excelência no trabalho realizado, a Legião da Boa Vontade mantém relação consultiva com a Organização das Nações Unidas (ONU), desde 1994, por intermédio do Departamento de Comunicação Global (DCG) desse organismo internacional e, desde 1999, com o Conselho Econômico e Social (Ecosoc) das Nações Unidas, no qual a Instituição possui *status* consultivo geral. A LBV tem participado ativamente das principais conferências e

idiomas — português, inglês, espanhol e francês —, que encaminhamos para a ONU, mas se encaixa como luva aqui:

— *As árvores têm sido parte essencial de minha vida e me ensinaram muitas lições. Elas são símbolos vivos de paz e esperança. Uma árvore tem suas raízes no chão e, mesmo assim, ergue-se para o céu. Ela nos diz que, para ter qualquer aspiração, precisamos estar bem assentados e que, por mais alto que possamos chegar, é de nossas raízes que tiramos nossa base de sustentação.*

→ reuniões da ONU, contribuindo com importantes recomendações, por meio de documentos e publicações, editados em diversos idiomas, que são entregues a chefes de Estado, conselheiros ministeriais, agências internacionais e representantes da sociedade civil. Dentre esses materiais destacam-se as revistas *Sociedade Solidária*, *Paz para o Milênio*, *Globalização do Amor Fraterno*, BOA VONTADE *Desenvolvimento Sustentável*, BOA VONTADE *Mulher* e BOA VONTADE *Educação*.

O MÉRITO QUE ADVÉM DO ARREPENDIMENTO

Academia Jesus, o Cristo Ecumênico, o Divino Estadista — *Dentre os desafios lançados por Jesus aos integrantes das Igrejas da Ásia, o versículo 5 do capítulo 2 do Apocalipse encerra uma grave advertência do Mestre acerca do arrependimento verdadeiro, que é imprescindível para que a criatura se erga de seu erro e retome o controle de sua vida ao voltar os olhos para a sua herança espiritual.*

O Irmão Paiva, em suas prédicas de improviso, desenvolveu o tema com brilhantismo, desatando os nós para o nosso entendimento, à luz do Amor Fraterno e da Incorruptível Justiça exercida pelo Juiz Compassivo:

5 Lembra-te, pois, de onde caíste, arrepende-te e volta à prática das primeiras obras; se não, virei a ti e moverei do seu lugar o teu candeeiro, caso não te arrependas.

(Apocalipse, 2:5)

Prosseguindo com nosso estudo ecumênico das páginas santas do **Apocalipse de Jesus — o socorro de Deus a nos alertar** —, vejam quanto aprendizado temos adquirido com seus versículos de Luz que o Divino Mestre legou à sobrevivência espiritual-humana! As nossas mentes vão se abrindo para as inspirações que descem do mais Alto.

Os integrantes da Igreja de Éfeso começaram sua caminhada a todo vapor, mas foram perdendo fôlego. Jesus os adverte, porém observemos — a partir do versículo quinto deste capítulo segundo do Apocalipse — que o Professor Celeste não fica apenas na admoestação. Apesar de Ele repreender esse povo por se esquecer da Primeira Caridade, em seguida **ensina-lhe como dar a volta por cima e retornar à virtuosa realidade que conforta a Alma para todo o sempre**, visto que é desse modo que o Educador Excelso age.

É o que costumo explicar quanto à Lei Universal da Reencarnação. Alguns acreditam que ela é uma punição dos Céus, no entanto não percebem que se trata de mecanismo sublime para nos aperfeiçoarmos. O contrário disso seria a concepção do castigo eterno.

Durante a série radiofônica em que li e comentei o Santo Evangelho de Jesus, segundo João, no programa do dia 6 de maio de 2003, em Glorinha/RS, afirmei: por pior que seja a criatura, em vez de passar toda a Eternidade pagando — e não sabemos sob qual critério — é melhor crer nas vidas múltiplas, que oferecem oportunidades a todos. Contudo, não vá pecando por aí, justificando-se que amanhã a reencarnação lhe permitirá corrigir-se. Isso é uma forma capciosa de pensar. Você quer que eu diga o quê? Pois fica bem claro que é pegar de uma Lei Divina que institui ferramentas para que melhoremos e usá-la como um crediário da indecência. Não se pode brincar com uma regra desta envergadura espiritual. A consequência é terrível, porque nada permanece impune aos olhos de Deus.

A Reencarnação, o Apocalipse e a Chave da Profecia

Estando no Rio de Janeiro/RJ, em 7 de julho de 1991, na antiga sede da sucursal da LBV na Cidade Maravilhosa, transmiti mais uma das aulas radiofônicas de "O Apocalipse de Jesus para os Simples de Coração". Naquele dia memorável, ressaltei:

O Livro da Revelação é o mais importante da Bíblia Sagrada para os nossos tempos, posto que faz conhecer acontecimentos gravíssimos para o destino da humanidade. E um dos aspectos que precisamos ter em mente em sua análise é que suas páginas mostram a Soberana Vontade de Deus para a Sua criação, expressa nas Leis Divinas. Esses Perfeitos Estatutos trazem ordem e regem o Universo e a Vida, sendo a base da Ética, da Moral e da Justiça, e o caminho da Felicidade e da Paz, em um mundo tisnado pela insensatez e pela ganância sem fim.

O Apocalipse é a expressão dos resultados de quando ferimos ou respeitamos as Ordenações Celestes, tão necessárias para o equilíbrio de tudo. Não é Deus Quem pune, é a Lei que é executada. Senão, seria aquela brincadeira que está lá no *Macunaíma*[32]: *"Cada um por si e Deus contra"*. O negócio viraria uma esculhambação, e muitos poderiam pensar: *"Ah, eu não vou seguir lei nenhuma"*.

Imaginem vocês esta situação: o que aconteceria se aquele que mede a quantidade de cimento e areia para dar segurança às construções em que moramos ou trabalhamos não seguisse as normas que mandam dosar bem esses materiais. Teríamos que sair correndo daqui desse prédio, por exemplo, do terceiro piso, porque ele poderia desabar a qualquer instante. Quero com isso chamar a atenção para a Misericórdia do Pai Celestial.

---

[32] Livro de Mário de Andrade (1893-1945).

Aliás, esse é um tema muito significativo para compreendermos as admoestações de Jesus a Éfeso. Há pessoas que indagam se Deus é justo e bondoso ao permitir que reencarnemos para pagar pelos nossos erros. Será que isso não é uma forma de Rigor Divino?

Lembro-me de uma conversa que tive com uma colega jornalista em Belo Horizonte/MG. Ela assim me interpelou a respeito da Lei das Vidas Sucessivas:

> — *Está bem, Irmão Paiva, está bem, mas não será severidade de Deus, não? A gente erra e tem que reencarnar para pagar?*

Respondi, sorridente, naquele ambiente acolhedor na sede da LBV na capital mineira, raciocínio correlato ao que trouxe anteriormente:

Minha colega, o que é preferível: reencarnar para livrar-se da dívida ou o inferno eterno? O que é pior? O que é mais desumano — já que você falou que poderia soar como uma crueldade divina —, o inferno eterno ou o ensejo de se reabilitar?

Ela abriu os olhos como quem assimilava a reflexão, aquiesceu com a cabeça e logo ficou convencida de que esse processo não é uma punição dos Céus, mas um gesto misericordioso de Deus.

O Proclamador da Religião do Amor Universal, Alziro Zarur, brilhantemente definiu que

— *A Reencarnação é a Chave da Profecia,*

e mais: digo que **ela não é punição, mas convite à melhora, é oportunidade**. É semelhante ao aluno que repete o ano e precisa voltar à mesma série que estava cursando para aprender tudo novamente.

Afirmou um sacerdote amigo meu, de saudosa memória:

— *A Lei da Reencarnação é o Judiciário de Deus.*

Portanto, **a reencarnação é ensejo ao Espírito de se redimir**. O Criador estabeleceu essa Lei para que Seus filhos tenham a possibilidade de quitar-se com a Legislação Maior. É como alguém que deve a um banco ou a outra pessoa e precisa saldar sua dívida. Ao fazê-lo com esforço e dedicação, sente-se mais tranquilo e libertado.

E o arrependimento é o primeiro passo para quem busca o perdão, mas não é suficiente. É indispensável realizar algo que suplante o remorso e demonstre o Amor. Uma boa referência é a de Francisco de Assis (aprox. 1181-1226), que abandonou sua vida mundana e seus erros e se devotou aos pobres e aos excluídos, aos animais e à Natureza. Tornou-se assim um grande exemplo de Misericórdia Divina em ação e de Fraternidade Universal.

Francisco de Assis

Reencarnação, Iluminismo e o Direito do Cidadão

Ora, a própria justiça humana se empenha em recuperar os criminosos. Vale lembrar que, após o Iluminismo, que trouxe a ideia dos Direitos do Cidadão, foram criados diversos mecanismos para melhorar as condições dos infratores da lei, de penitenciárias a reformas sociais. O objetivo é transformar a criatura "perdida", diferentemente da época em que prevalecia a vingança pessoal e o *"olho por olho"* (Êxodo, 21:24). Surgiu, então, o Direito do Cidadão e o respeito à dignidade humana, entre outras maravilhas. O Iluminismo e o seu brilho racional, a **Revolução Francesa** em 1789 e o seu grito libertário (*Liberté, Égalité, Fraternité*) representaram um avanço sem precedentes. No entanto, ela também teve suas sombras e seus limites, porquanto **deixou esquecida em suas conquistas a mais importante vertente de sua tríade: a Fraternidade**. Essa palavra, que deveria expressar a Solidariedade entre os cidadãos e estar à frente das demais, foi ofuscada pela violência e pelo terror que marcaram esse período histórico. Ela foi relegada a segundo plano pelos revolucionários radicais, que eliminaram seus inimigos sem piedade nem compaixão.

A Verdade é incontível

Ainda acerca da reencarnação e do prosseguimento de nossa existência no Mundo Invisível, há um fenômeno paradoxal em nossa época: a negação peremptória da Lei das Vidas Sucessivas por parte de alguns indivíduos. Por vezes, até movidos por interesses profissionais ou sociais, escolhem ignorar ou desprezar as manifestações da Fé, da Espiritualidade e da continuidade da Vida após o fenômeno da "morte". No entanto, ao agirem dessa forma não estão sendo honestos consigo mesmos nem com os outros. E, no íntimo, eles sabem que estão contrariando a realidade que sentem em seus corações e que os incomoda. Não estão apenas se iludindo e enganando os semelhantes. Estão, na verdade, se colocando em risco com essa ilógica atitude. Ela pode conduzi-los a um estado de frustração e arrependimento, quando perceberem que desperdiçaram seu tempo em busca de uma falsa felicidade. Pois **a Verdade é incontível**: ela se impõe pela força dos fatos e pela voz da consciência. Não pode ser ocultada ou negada por um longo período. Como teria dito Abraão Lincoln (1809-1865), responsável pela abolição da escravatura nos Estados Unidos:

Abraão Lincoln

— *Pode-se enganar todo o povo parte do tempo, pode-se enganar parte do povo todo o tempo, mas não se pode enganar todo o povo todo o tempo.*

Podemos afirmar que **a Misericórdia e a Lei Universal da Reencarnação** são dois conceitos fundamentais para compreendermos o sentido da Vida e o nosso destino espiritual[33]. Eles nos **revelam o Amor Infinito e a Justiça Perfeita de Deus**, que nos oferecem novas oportunidades de aprendizado, de crescimento, de purificação e de libertação. Igualmente nos desafiam a viver de acordo com a Vontade Soberana do Pai e a buscar a nossa evolução espiritual, moral e intelectual. Com isso, nos inspiram a ser mais piedosos, fraternos e solidários.

As Sete Igrejas do Apocalipse são exemplos da maneira como o Compassivo Juiz nos dirige, orienta e sustenta em nossa jornada na Terra e no Céu da Terra, pelos tempos e pelas sucessivas vidas, e nos corrige com Amor e Justiça incomparáveis.

---

[33] **Reencarnação** — Para se aprofundar no estudo da Lei das Vidas Sucessivas, recomendamos a leitura do subtítulo "Justiça, Lei da Reencarnação e párias", em *Os mortos não morrem* (2018), livro de Paiva Netto.

O AMOR DE JESUS É A PERFEITA JUSTIÇA

O Amor de Jesus é Justiça Perfeita, aquela que **não admite a impunidade, mas igualmente não deseja a perdição de ninguém. Só não se salva quem não quiser.** Mas, com irresponsável atitude, sofrerá as sanções das Normas Cósmicas, como observamos nesse versículo quinto da Carta de Jesus à Igreja em Éfeso.

Qual foi o exemplo do Mestre quando esteve conosco em Sua Primeira Vinda Visível? Alguém se recorda? Recorramos à Boa Nova do Cristo, a partir da *Síntese de O Novo Testamento*, feita pelo competente Wantuil de Freitas (1895-1974), que assina com o pseudônimo Mínimus:

Os sãos não necessitam de médico

(Evangelho de Jesus, segundo Mateus, 9:9 a 13; Marcos, 2:13 a 17; e Lucas, 5:27 a 32)

Partindo dali, Jesus viu um homem chamado Levi [como também era conhecido o Evangelista

> Mateus], *filho de Alfeu, sentado na coletoria, e lhe disse: — "Segue-me!" — ele se levantou e seguiu Jesus.*
>
> *Mateus ofereceu-Lhe um farto banquete em sua casa, e grande era o número de publicanos e outras pessoas que estavam com eles à mesa. Quando os fariseus viram isto, perguntaram aos Discípulos de Jesus: Por que come o vosso Mestre com publicanos e pecadores? — Jesus, ouvindo a pergunta, respondeu:* ***— "Os sãos não necessitam de médico, mas sim os enfermos. Ide e aprendei o que significa dizer: Misericórdia quero, e não holocaustos; pois não vim chamar os justos, mas os pecadores ao arrependimento".***

O passo inicial é este: **saber onde erramos**. Isso exige **humildade corajosa — aquela que sobrevive aos acicates da Dor —**, a fim de olhar para dentro de nós mesmos e reconhecer nossas atitudes faltosas. **Peçamos a ajuda** dos nossos Anjos Guardiães, Espíritos Guias, Ancestrais, Orixás, Numes Tutelares, ou a denominação que prefiram dar a essas Almas Benditas que tanto querem o nosso bem e labutam pelos nossos acertos. Além de poderem apontar onde caímos, lá estarão também com suas generosas mãos estendidas para nos erguer. Foi o que Jesus fez com o Apóstolo Pedro, quando este começou a afundar, após ser o único a intrepidamente pedir:

> — *Se és Tu, Senhor, manda-me ir ter contigo, por cima das águas*[34].

Não precisamos ter medo de navegar os mares por vezes agitados da consciência, pois o Celeste Amigo sempre virá ao nosso socorro.

O grande sentido das Leis de Deus é o **soerguimento da criatura combalida**, soterrada em seus equívocos, achando que está sozinha nesse Universo, porque a ignorância gera o erro e, por conseguinte, a dor. No entanto, trazemos novamente aqui o que Jesus disse:

> — *Conhecereis a Verdade* [de Deus], *e a Verdade* [de Deus] *vos libertará* (Evangelho, segundo João, 8:32).

Portanto, devemos analisar nossas vidas sob o escrutínio imaculável da **Verdade de Deus, a chave que nos livra das algemas do engano**.

Exortação ao arrependimento

O que Jesus indica na sequência? Isso também aparecerá nas Suas Cartas às Igrejas em Pérgamo, Tiatira, Sardes e Laodiceia, que estudaremos nos próximos

---

[34] **Jesus caminha sobre as águas** — Evangelho do Cristo, segundo Mateus, 14:22 a 33.

volumes desta coleção. **Ele nos convida ao arrependimento, que é o ato sincero de regressarmos ao seio de Deus.** Como afirmava Zarur, na explicação do Apocalipse:

> — *A "vingança" dos Santos é que os criminosos se arrependam.*

Mas não adianta apenas falar que está arrependido: **tem que demonstrar isso pelas Boas Obras**. São elas que **justificam a nossa Fé**. E, sem a prática do Bem, não pode haver sociedade justa. O contrário seria o império das más ações. Se não as combatermos desde já, estaremos diante de um crime que as gerações vindouras não nos perdoarão. O que foi que João Batista fortemente recomendou a muitos que iam ao seu encontro?

A pregação de João Batista

(Boa Nova de Jesus, segundo Mateus, 3:1 a 10)

1 *Naqueles dias, apareceu João Batista pregando no deserto da Judeia e dizia:*
2 ***Arrependei-vos, porque está próximo o Reino dos Céus.***
3 *Porque este é o anunciado pelo Profeta Isaías, que disse:*

João Batista

Voz do que clama no deserto: Preparai o caminho do Senhor, endireitai as suas veredas.
4 *Usava João vestes de pelos de camelo e um cinto de couro; a sua alimentação eram gafanhotos e mel silvestre.*
5 *Então, saíam a ter com ele Jerusalém, toda a Judeia e toda a circunvizinhança do Jordão;*
6 *e eram por ele batizados no rio Jordão, confessando os seus pecados.*
7 *Vendo ele, porém, que muitos fariseus e saduceus vinham ao batismo, disse-lhes: Raça de víboras, quem vos induziu a fugir da ira vindoura?*
8 ***Produzi, pois, frutos dignos de arrependimento;***
9 *e não comeceis a dizer entre vós mesmos: Temos por pai a Abraão; porque eu vos afirmo que destas pedras Deus pode suscitar filhos a Abraão.*
10 *Já está posto o machado à raiz das árvores; toda árvore, pois, que não produz bom fruto é cortada e lançada ao fogo.*

Observaram bem? ***"Produzi, pois, frutos dignos de arrependimento".*** São as permanentes Boas Realizações, resultantes do rompimento definitivo com as prisões dos desacertos, sobrepujando a cegueira espiritual.

No Reino de Deus não há privilegiados, no sentido do apadrinhamento arbitrário, mas a Seara

Divina acolhe a todos concedendo a bendita oportunidade de nela laborar. Cada um deve honrar o Celeste Privilégio de servir ao Nosso Mestre Jesus. Do contrário, a Mestra Dor entrará em cena, cortando pela raiz e lançando ao fogo aqueles que precisam descobrir o caminho da redenção. Deus Pai-Mãe é Infinita Bondade, porém não impede que o Direito Supremo exerça a sua função de fraterno reajuste. Pietro Ubaldi (1886-1972), filósofo e sociólogo italiano, vem ao nosso encontro quando adverte:

— ***Deus é uma Lei que não se enternece.***

Gregório de Matos (1636-1696), poeta português, apelidado de "Boca do Inferno", por causa das suas inúmeras sátiras, deixou-nos este soneto que retrata o processo íntimo da incessante busca humana em trilhar os caminhos do Bem, ainda que muitas vezes com passos em falso, mas suplicando pela Misericórdia Divina, que nos sustenta:

A Nosso Senhor Jesus Cristo com atos de arrependimento e suspiros de Amor

Ofendi-vos, meu Deus, bem é verdade,
É verdade, Senhor, que hei delinquido,
Delinquido vos tenho, e ofendido,
Ofendido vos tem minha maldade.

Maldade, que encaminha à vaidade,
Vaidade, que todo me há vencido,
Vencido quero ver-me e arrependido,
Arrependido a tanta enormidade.

Arrependido estou de coração,
De coração vos busco, dai-me os braços,
Abraços, que me rendem vossa luz.

Luz, que claro me mostra a salvação,
A salvação pretendo em tais abraços,
Misericórdia, Amor, Jesus, Jesus!

Eis aí! **A Vida vale pelo Bem que se faz!**

JACOBINOS, GUILHOTINA E A ESQUECIDA FRATERNIDADE

Ainda quanto à Revolução Francesa que citei em capítulos anteriores, ao lançar *Reflexões da Alma* em terras lusitanas, no ano de 2008, tive a honra de conceder uma extensa entrevista à jornalista portuguesa Ana Serra. Em determinado trecho, comento sobre a natureza das profundas transformações que ocorrem na vida humana:

Necessária se torna a concepção de que uma decisiva mudança deva brotar primeiro na Alma de todos nós. A principal chave do sucesso, no decorrer do terceiro milênio, resume-se em **cuidar do Espírito, reformar o ser humano, pois assim tudo será aperfeiçoado**, tendo como luzeiro a tantas vezes menoscabada **Fraternidade Universal**, referida em último lugar no tripé ideológico da Revolução Francesa — 1º Liberdade, 2º Igualdade e 3º Fraternidade — logo devidamente esquecida, resultando no que se viu: depois de cortar a cabeça dos que consideravam adversários, os jacobinos passaram a guilhotinar-se entre si próprios. Nem o infrene Robespierre (1758-1794), chamado de

Victor Hugo

"O Incorruptível" — imaginem só! — escapou. Terror atrai terror, quando não superterror. O célebre poeta francês Victor Hugo (1802-1885), talvez versando sobre o tema, proclamava:

— *Para fecundar o campo em que germina o futuro dos povos livres, não é necessário derramar sangue, basta difundir as ideias.*

Exato!

Amor Divino e transformação verdadeira

No capítulo final do livro *Leis de Amor*, intitulado "Redenção", o Espírito Emmanuel responde à seguinte pergunta:

— *Em favor do aprimoramento próprio, será suficiente arrepender-nos dos erros e faltas cometidas?*

Resposta do Amigo Espiritual:

— *Convém notar que o reconhecimento dos próprios erros, perpetrados nesse ou naquele setor da existência,*

> *é o primeiro passo da reabilitação* [da salvação, da redenção], *mas esse começo é empreendimento nulo se não resolvemos corrigir-nos com humildade e paciência, na execução dos deveres que a vida nos recomenda.*

Ao comentar sobre esse ponto em série radiofônica inspirada nesta obra de Emmanuel, no ano de 1986, argumentei:

Quer dizer, não é só papo que resolve. **Você tem que se arrepender de fato e dar provas de que mudou suas atitudes.** Paulo Apóstolo alertava, em sua Epístola aos Gálatas, 6:7:

> — *De Deus não se zomba.*

Não adianta hipocrisia, de forma alguma. Jesus a detestava e seriamente nos admoestou contra a sua disseminação e crescimento:

> — *Livrai-vos do fermento da hipocrisia.*
>
> Jesus (Lucas, 12:1)

E recordemos que o Cristo perdoava e fraternalmente ordenava:

> — *Vá e não peques mais.*
>
> Jesus (João, 8:11)

Portanto, siga em frente, mas se redima, não caia de novo nesse buraco, pois uma hora você acaba não saindo mais dele.

Renovar nossos sentimentos

Gosto sempre de citar este exemplo evangélico: Por que, **na Sua Ressurreição, Jesus apareceu primeiramente a Maria Madalena, de quem expulsou sete demônios?** Porque **ela representa a humanidade**. Quem não é pecador neste mundo? Desconfio daqueles que propalam que não têm pecados. Devem ter tantos que, se andar pela rua, são capazes de tropeçar neles pelo meio do caminho. Prefiro — e tenho certeza de que vocês também — as pessoas leais, que admitem:

Maria Madalena

— *Olha, eu sou pecador, estou no mundo, mas quero acertar, quero me redimir.*

É óbvio, desde que isso seja verdadeiro. Não estamos aqui para ser enganados. Mas aqueles que já se pressupõem na condição de eternamente salvos nem mais precisam de Jesus, não concordam? Talvez a soberba e a arrogância os iludam em achar que não necessitam mais do Sábio dos Milênios. Equivocam-se, uma vez que todos dependemos Dele. Quem não possui algo para retificar em si mesmo? Se alguém bradar que não tem, está mentindo, logo está doente. E o que lemos anteriormente no Evangelho de Jesus, segundo Lucas, 5:31 e 32? São estas as palavras do Sublime Pedagogo, que gosto tanto de chamar de Divino Amigo, Companheiro Fiel em todos os instantes de nossa vida:

> — *Os sãos não necessitam de médico, mas sim os enfermos; Eu* [o Médico Celeste] *não vim chamar os justos, mas os pecadores, ao arrependimento.*

Bem, eu desejo muito que Jesus sempre me ajude a corrigir os meus erros. Sei que esse também é o anseio de vocês.

Carecemos dessa lapidação de nossos sentimentos até atingirmos a amplitude da Sua Grandeza, conforme aqueles dizeres tão incentivadores do Apóstolo Paulo, dirigidos aos Irmãos de Éfeso:

> — *Até que todos cheguemos à unidade da Fé, ao pleno conhecimento do Filho de Deus, ao estado de homem* ***feito, à medida da estatura da plenitude do Cristo*** (Epístola aos Efésios, 4:13).

Sim, porque o foco será, mesmo que num futuro muito distante, alcançar aquela categoria supina de não só viver o Amor Divino, mas de **se transmudar no Divino Amor, realidade da essência do Cordeiro**

de Deus. Trata-se, pois, do Amor do Pai Celestial em profusa atividade, em realizações supremas em favor dos povos.

Egoísmo destruidor

Tive o ensejo de apresentar na série radiofônica "Lições de Vida", em 13 de maio de 1987 (quarta-feira), uma explicação que gostaria de compartilhar com vocês nesse nosso estudo da Igreja em Éfeso. Vamos ao texto:

Minhas Amigas e meus Irmãos, minhas Irmãs e meus Amigos, reparem com atenção, por favor, a importância do arrependimento sincero e da prática das Boas Ações, bem como observem a terrível advertência contra o mal do egoísmo e seus funestos resultados nesta história "O fio da aranha", de autoria de Malba Tahan, pseudônimo do ilustre matemático e escritor brasileiro Júlio César de Melo e Sousa (1895-1974). Ele também foi professor catedrático do Colégio Pedro II, onde tive a honra e o privilégio de estudar. Aliás, fui agraciado com o título de Aluno Eminente daquele colégio-padrão. Mas vamos ao conto:

O fio da aranha

Conta antiga lenda hindu que Kandata, o facínora, tendo expirado sem mostras de arrependimento, foi pela imutável Justiça do Universo atirado à região sombria dos eternos suplícios.

Durante muitos séculos suportou indiferente os tormentos do Hades. Um dia, porém, o seu coração empedernido foi tocado por tênue raio da luz de arrependimento. Ajoelhou-se e implorou, em prece fervorosa, a proteção e a misericórdia do Senhor da Compaixão.

No mesmo instante, surgiu-lhe a figura radiosa de um anjo, que lhe disse:

— Kandata, o Senhor da Compaixão ouviu a prece humilde que acabas de proferir. E aqui estou, meu Irmão, para salvar-te dos castigos tenebrosos do inferno. Ó Kandata, no decorrer das tuas vidas anteriores, houve dia que tivesses assistido a uma boa ação tua, por mais pequena que fosse? Houve? Ela te ajudaria, meu Irmão, agora, livrando-te dos tormentos que, sem tréguas, te afligirão. Mas, escuta bem, nunca esperes ver cessados os sofrimentos atuais, consequência do teu passado, se conservares ainda sentimentos de egoísmo e se tua alma guardar a impureza da vaidade, da luxúria e da inveja. Dize-me, ó Kandata!, se queres sair daqui, qual foi, acaso, o ato de bondade que em vida praticaste?

— Pelo Deus de Misericórdia! — exclamou Kandata, cheio de profunda humildade e tristeza — jamais pratiquei, em minha vida passada, qualquer ato digno, qualquer ato louvável. A minha existên-

cia foi um rosário interminável de crimes e de infâmias de toda espécie.

— Kandata! — insistiu o anjo. — Procura rememorar miudamente todas as ações do teu passado! Basta um ato verdadeiramente bom de tua parte, meu Irmão, um só, para que obtenhas o perdão de Deus! Por exemplo: alguma vez socorreste com a esmola algum desprotegido da sorte?

— Nunca! — murmurou Kandata, com voz sucumbida.

— Algum dia — prosseguiu o anjo — tiveste uma palavra de consolo ou de bondade para os aflitos e desesperados do mundo?

— Nunca! Nunca! Nunca tive!

— Mas não te moveram, uma vez que só, à piedade, os enfermos, nem dispensaste qualquer proteção aos fracos e infelizes do mundo? Pensa, Kandata!

— Nunca! Nunca! — soluçava Kandata, com o desespero dos arrependidos.

— E para com os animais, nossos irmãos inferiores? — insistiu ainda o anjo. — Só os tratastes com crueza, impiedosamente? Eles são os seres fracos do mundo...

— Deus seja louvado! — exclamou Kandata, cheio de emoção. — Lembro-me de que, certa vez, ao atravessar um bosque, vi uma pequenina aranha que procurava esconder-se sob a relva. "Não pisarei esta pobre aranha", pensei, "porque ela é fraca e ino-

fensiva". Então, desviei o passo, a fim de poupar a vida ao mísero e tímido animalzinho. Teria sido esta uma ação agradável aos olhos do Criador?

— Ah, feliz que és, Kandata — respondeu o anjo. — Esse pequeno ato de bondade que acabas de recordar, meu Irmão, é, sem dúvida, suficiente para salvar-te do inferno; e é a própria aranha do bosque que, em breve, te proporcionará — pela Vontade Divina — o meio único de salvação. Da altura infinita do céu, a aranhazinha vai lançar-te um fio; então, por ele poderás subir até ao seio do Onipotente! [A cada um sempre é dado de acordo com as suas próprias obras. É Lei da Justiça Divina.]

E, isto dizendo, o anjo desapareceu.

Quase no mesmo instante, viu Kandata, com grande assombro, que um fio de aranha descia das alturas divinas até ao fundo do terrível abismo que o torturava [durante muitos séculos]. *Aquele fio, de enganadora fraqueza, representava para ele a salvação, a tão sonhada ventura! E estaria, para sempre, livre dos suplícios indizíveis do inferno!*

Sem hesitar, Kandata agarrou-se a ele e começou a subir. Sentiu desde logo que o fio — pela Vontade do Onipotente — era forte, realmente forte e lhe sustentava perfeitamente o peso do corpo, que balouçava no espaço.

De repente, porém, em meio da escalada, Kandata lembrou-se de olhar para baixo e notou que os seus

> *companheiros de infortúnio procuravam também, de toda forma, salvar-se da região dos tormentos, subindo pelo mesmo fio* [que era suficientemente forte para suportá-los também]. *Mas o bandido pensou:*
>
> *— Não, não, com certeza não poderá tão delgado sustentáculo suportar o peso dessa gente toda! Saiam! Saiam! — gritou apavorado.*
>
> *E, instigado por terrível egoísmo, desejando apenas a própria liberdade — sem lhe importar a desgraça alheia — gritou ainda mais para os infelizes que já se agarravam, penca infernal, ao fio salvador:*
>
> *— Larguem, miseráveis! Larguem, que este fio é meu, só meu!*
>
> *No mesmo instante, partia-se o fio da aranha e Kandata era para sempre restituído às profundezas em que tanto tempo sofrera tão duros castigos!*
>
> *O fio salvador, forte bastante para levar ao céu milhares de criaturas arrependidas de seus crimes, rompera-se ao sofrer o peso do egoísmo que a maldade insinuara num coração!*

Eis aí a importantíssima lição dessa antiga lenda hindu. Percebam que o sofrimento levou Kandata a nutrir um arrependimento sincero. No entanto, ele não foi capaz de aproveitar essa iluminação que brotou em sua Alma, para vencer outras imperfeições que lá estavam, a exemplo do egoísmo.

Muita gente me pergunta: por que a Legião da Boa Vontade e a Religião de Deus, do Cristo e do Espírito Santo conseguem tanto sucesso na Terra? É tão fácil de entender. É porque aqui todos nós, além de viver em prece, procuramos nos livrar do comportamento egoísta, que condenou Kandata. Por essa razão, os Legionários da Boa Vontade e Cristãos do Novo Mandamento, Amigos de Jesus, brilham, com a flâmula da Solidariedade, da Fraternidade, da Generosidade, no Brasil e em outras partes do mundo. Sim, pois compõem Equipes Solidárias Legionárias. **Ninguém faz nada sozinho**, não me canso de repetir. Apenas Deus tem Poder para isso. E, no entanto, nem Ele quer realizar algo sem a participação de Seu Filho Jesus, do Espírito Santo e de todos nós. Na Sua Infinita Misericórdia, deseja contar com a nossa cooperação, porque só podemos subir em qualidade e nos integrarmos no Cristo de Deus, Filho Unigênito do Pai Celestial, quando a Fraternidade Ecumênica por Ele exemplificada for a norma comum da existência de toda a sociedade. Por isso, pregamos, desde a década de 1970, a **Estratégia da Sobrevivência**, da qual faz parte **a Economia da Solidariedade Espiritual e Humana**, toda ela fundamentada no Novo Mandamento de Jesus que determina:

> — *Amai-vos como Eu vos amei. Somente assim podereis ser reconhecidos como meus discípulos* (Evangelho, segundo João, 13:34 e 35).

AS PROVAS DA ESCOLA VIDA

Ao nos concentrarmos ainda mais no estudo do versículo 5 do capítulo 2 do Apocalipse — *"Lembra-te, pois, de onde caíste, arrepende-te e volta à prática das primeiras obras" (...)* —, observamos outro ponto muito valioso, pois se refere a **um esforço transcendente de cura espiritual**.

É o que sempre temos de fazer na Religião do Terceiro Milênio e em todos os setores dela: **não abrir mão das primeiras obras**. Ninguém deve achar que já chegou ao topo e sabe tudo. Há tanto para aprender uns com os outros e melhorar nosso agir. **Nosso dever é sermos honestos, francos, leais, verdadeiros e tratarmos o semelhante com profundo respeito para que todos possam permanecer nos braços amorosos de Deus, que é Amor Fraterno.** É o sentimento da Caridade Completa — a Material e a Espiritual — que move as Instituições da Boa Vontade e jamais podemos nos esquecer disso.

Foi o que afirmei, em 3 de abril de 1982, estando em Uberaba/MG:

Quando você ingressa nas fileiras da Boa Vontade, deve vir com toda a sua Alma, com todo o seu Amor e integrar-se a esta imensurável missão na Terra de socorro ao próximo, sem se deixar abater por qualquer adversidade pelo caminho ou divergência com este ou aquele que tenha pensamento diferente do seu. **A Religião do Amor Universal é Santa e Divina, é a Casa dos que querem acertar, daqueles que não acham que estão salvos e os outros perdidos, dos que sabem que o Amor é a Substância Sublime que nos mantém vivos, dos que lutam *"por um Brasil melhor e por uma humanidade mais feliz"*, no dizer de seu Proclamador, Alziro Zarur.**

Se alguém sente que está desanimando, precisa combater essa ideia de maneira resoluta. É como naquela lição que enfatizo sempre em minhas palestras aos Cristãos do Novo Mandamento, trazida a nós pelo velho Osmar Carvalho e Silva (1912-1975), atuante Legionário da Boa Vontade do Mundo Espiritual:

Dr. Osmar Carvalho e Silva

— Às vezes, pode me vir um pensamento até fescenino mesmo, um pensamento que não seja da categoria do meu Espírito, que me desonre. Aí eu digo: bom, que é que há? Eu não penso assim, eu não sou isso. Afaste-se de mim por favor, meu Irmão Invisível, porque esse pensamento não é meu, eu sou do Cristo!

Eis aí. Afinal, quem confia em Jesus não perde o seu tempo, porque Ele é o Grande Amigo que não abandona amigo no meio do caminho. Se capitulassem aqueles que nos antecederam, onde estaríamos nós? Se eles manifestassem desinteresse:

— *Bom, às favas os outros!;*

se o idealismo morresse, onde nos encontraríamos? Teríamos regredido à época troglodítica. E não podemos ser piores do que já fomos. Porque aqueles outros que não desistiram somos nós mesmos em reencarnações anteriores. **Vencer isso dentro de si é permanecer nas Boas Obras.**

Retornar às primeiras obras não é retrocesso. É avanço!

Alguns podem se questionar:

— *Mas, se Jesus está mandando voltar às primeiras obras, não seria um retrocesso?*

Não, muito pelo contrário! É avançar, é resgatar em si e estar imbuído daquele sentimento inicial que dá força a tudo. Como vimos, **a Primeira Caridade** — ou as primeiras obras — **é justamente o amplíssimo sentido e a consistente prática do *"Amai-vos como***

***Eu vos amei"* de Jesus**. Como pode ser isso um recuo?! É, por exemplo, a vivência da Fraternidade Ecumênica no relacionamento espiritual-social-humano. Quando o Divino Mestre nos legou Sua Ordem Suprema, o que Ele estava fazendo senão estabelecer a verdadeira base para a civilização sem guerra, sem ódios, sem preconceitos, sem xenofobia, sem isolacionismos de quaisquer espécies? **É o Amor de Deus que nos mantém unidos, vivos.** Do contrário, já teríamos explodido o planeta inteiro algumas tantas vezes.

E mais: não devemos lamentar quando surgem os desafios. Não se iludam, pois o mundo caminha mesmo para a conflagração. É o que foi profetizado por Jesus no Seu Sermão do Fim dos Tempos ou Sermão Escatológico (Evangelho do Cristo, segundo Marcos, 13:1 a 37; Mateus, capítulos 24 e 25, na íntegra; e Lucas, 21:5 a 36).

E os Seus Discípulos alertaram a todos quantos quiseram ouvir, tal qual os habitantes da populosa e próspera cidade de Tessalônica, que atenderam a estas palavras do Apóstolo Paulo:

> — *Quando andarem dizendo: "Paz e segurança!", eis que lhes sobrevirá repentina destruição (...)* (Primeira Epístola aos Tessalonicenses, 5:3).

Lembrem-se da escola: a época de provas chega e qualquer um pode ficar meio receoso, mesmo quando estuda bastante, porque não se sabe qual conteúdo vai realmente cair na prova. De repente, se depara com um professor ferrabrás... E você pode responder tudo certo, dentro do seu grau de entendimento escolar, mas ele é muito exigente. No entanto, quando vence aquela avaliação, que era obrigado a passar — do contrário não se cresce na vida —, com satisfação comemora:

— *Passei! Passei de ano! Passei de ano!*

O mesmo se dá no campo espiritual.

A nossa vitória derradeira, após superarmos juntos a Grande Tribulação e o Armagedom, **é estarmos com Jesus**, o Supremo Governante deste planeta. E Ele volta, conforme prometeu, e retribuirá a cada um de acordo com as obras de cada um. Esse é o conforto para aqueles a quem repreendeu, **pois não queria que se perdessem pelo caminho**.

Cuidado, aqui é o brejo!

Precisamos nos inspirar nos exemplos do Mestre Amado. É o que buscamos sempre. Às vezes, temos de ser enérgicos, mas, no final de nossas reuniões, levantamos o pessoal. Não podemos deixar de chamar a atenção para o que está errado. Senão, o que estamos fazendo aqui? Não seria correto de nossa parte e aí vai tudo para o brejo. E lá tem doença, tem mosquito, tem larva, tem tudo... Você pode enfiar o pé na lama e afundar até o pescoço, um lamaçal, uma areia movediça e não sobreviver. Então, não permitamos que ninguém vá para o atoleiro, é urgente colocar uma placa bem grande: **Cuidado, aqui é o brejo!**

Essas são as chamadas de atenção, com base no Amor Fraterno de Jesus, jamais no personalismo cruel. Depois que a turma aprende onde está o pântano, passa a seguir por caminhos seguros. **A Ética Cristã do Novo Mandamento é falar com Fraternidade sobre assuntos que as pessoas merecem ouvir, quando elas, com humildade, se dispõem a realmente se endireitar e retornar à prática das primeiras obras.** É, de novo, a valiosa lição do espírito de companheirismo que o Cristo de Deus exorta a todos a ter e vivenciar em humanidade. **O Divino Pastor deseja que Suas ovelhas cuidem umas das outras e sigam Sua Bendita Liderança rumo à libertação espiritual.**

O SOL DA PRIMEIRA CARIDADE

Gosto muito de um pensamento do Irmão Alziro Zarur que exalta a Excelsa Magnitude do Cristo de Deus:

— ***Jesus é o Sol da Caridade!***

Durante a Cruzada do Novo Mandamento de Jesus — Reunião da Comunhão com Deus, que conduzi em Campo Grande/MS, a 16 de abril de 1988 (sábado), ao citar a referida definição, afirmei que é essa Suprema Caridade que ilumina a nossa vida espiritual, moral e material. Portanto, temos de permanecer sob essa Luz Bendita, tal qual vivemos à luz do Sol.

Já pensaram sobre o quanto dependemos do astro-rei para que haja condições de existência material em nosso planeta? Numa breve análise, sua luminosidade é mais brilhante do que cerca de 85% das estrelas da Via Láctea — a galáxia onde gravita nosso sistema planetário. Sem sua luz, pereceríamos na escuridão e debaixo de intenso frio, o que não permitiria ter a essencial água em estado líquido. Os seres clorofilados — plantas, algas e cianobactérias — carecem dos raios luminosos para o processo da fotossíntese, absorvendo gás carbônico da atmosfera e produzindo água e oxigênio. Esse mecanismo é o maior provedor de O_2 do orbe, assegurando também nossa alimentação. A exposição ao Sol é a principal fonte natural de vitamina D, nutriente que garante ossos fortalecidos, um equilíbrio mineral do organismo e a regulação do sistema imunológico. Mas, cuidado: o contato com os raios solares em excesso aumenta o risco de câncer de pele.

Em virtude de sua massa, é responsável pelo posicionamento dos planetas que o orbitam, evitando que sejam lançados perdidos pelo Espaço, até se depararem com um buraco negro.

Se um corpo celeste tem tamanha importância para a vida na Terra, que dirá Nosso Senhor Jesus Cristo, Coautor deste orbe que nos abriga e nos oferece condições de evoluirmos sob Seu Divino Luzeiro! Fazendo uma analogia, podemos inferir que, se **Jesus é o Sol da Caridade** e não existimos afastados Dele, Ele é igualmente **o Sol da Primeira Caridade**, aquela que nos mantém vivos, visto que **clareia nosso Espírito e nos dá força para sobrevivermos**.

A luminescente Estrela da Manhã

Agora, prosseguindo no raciocínio proposto, imaginem a Vida sem o Sol da Primeira Caridade. Essa é a grande questão da parte final do versículo quinto do segundo capítulo do Apocalipse de Jesus, que estamos analisando, em Espírito e Verdade, à luz do Seu Novo Mandamento:

> — *Lembra-te, pois, de onde caíste, arrepende-te e volta à prática das primeiras obras;* ***se não, virei a ti e moverei do seu lugar o teu candeeiro, caso não te arrependas.***

Isaac Newton

Vejam bem: Jesus é o Bom Pastor, mas não pode nem deseja impedir a atuação das Leis Perfeitas que regem o Universo, bem como as consequências da aplicação delas. Ele não fala em mover o candeeiro do seu lugar, porque é mauzinho. Isso ocorreria por causa da negligência dos cidadãos de Éfeso, que, abandonando a Primeira Caridade, atrairiam sobre si esse infortúnio. É a Lei de Ação e Reação, da Física, exposta por Isaac Newton (1643-1727), de forma matemática:

> — *A toda ação corresponde uma reação igual e contrária.*

Mais que isso: **é a Justiça Divina em atividade, que não tarda nem falha jamais, pois o Tempo de Deus é muito diferente da pequeníssima compreensão humana.**

O que faz o candeeiro? Ilumina.

Removê-lo deixa alguém em qual estado? Nas sombras. E a quem interessa um castiçal apagado, fumegante?

Um aspecto importante de se observar é que os candeeiros são as Igrejas do Senhor, consoante vimos em nossas análises do Apocalipse. Isso significa que, **se os componentes de Éfeso não se corrigissem, não se arrependessem, se continuassem afastados da Primeira Caridade** — o ímpeto inicial que nos empurra às Boas Obras, que é geralmente o Espírito de Deus, com Seu Amor Fraterno, que reuniu tanta gente dedicada à prática das palavras e dos exemplos de Jesus —, **esta Igreja perderia a sua posição. Ela ficaria no breu.** Portanto, todo o brilho espiritual, conquistado por merecimento e esforço, teria de ser retirado e passado a outros que quisessem levar a Luz Celeste à frente. E **a Claridade Divina é a que abre todos os caminhos, porquanto já lhes afirmei que tudo nasce no campo do Espírito.**

Se alguém cai nas trevas espirituais, acaba por se esquecer de algo essencial: da **sintonia em Jesus.** Logo, deixa a órbita do Cristo e vaga sem rumo pela escuridão do Espaço mais profundo. Daí ser imprescindível reiterarmos o que o Irmão Zarur denominou de **A Fórmula Urgentíssima de Jesus**, e eu a chamo de **A Fórmula Urgentíssima Econômica do Cristo**, para que **jamais escapemos da força gravitacional que nos rege e nos mantém coesos à luminescente Estrela da Manhã**[35]:

> — *Buscai primeiramente o Reino de Deus e Sua Justiça, e todas as coisas materiais vos serão acrescentadas* (Evangelho, segundo Mateus, 6:33).

Tudo é espiritual. E, por intermédio dessa compreensão da prioridade transcendente das nossas vidas, é que nos conservamos envoltos na Radiante Luminosidade do Cristo e tudo o mais conquistaremos por acréscimo.

O remorso espiritual

Se menosprezarmos a Luz do Mestre, sentiremos um remorso profundo, porque Ele, o Grande Amigo da humanidade, escreve uma carta fraterna e diz, em outras palavras:

---

[35] **Estrela da Manhã ou Estrela Dalva** — *"Eu, Jesus, enviei o meu Anjo para vos testificar estas coisas às Igrejas. Eu sou a raiz e a geração de Davi, a brilhante Estrela da Manhã"* (Apocalipse, 22:16).

— Entreguei para ti, Igreja de Éfeso, este candeeiro que Eu mesmo acendi. Como perdeste a Primeira Caridade, quer dizer, o espírito de ideal que Eu depositei na tua Alma, e não te arrependeste — basta ver que te tornaste tão crítica contra os teus Irmãos, não tens mais uma palavra de carinho, não te preocupas em alimentar os famintos, em vestir os nus, em medicar os doentes, em pregar a minha doutrina... Então, as Leis Divinas, que não falham, terão de seguir seu curso. Mas a Misericórdia de Deus é infinita e sempre oferece novas oportunidades de redenção. Portanto, lembre-se de que aquele que recebe o meu Mandamento Novo, que é a chama da Primeira Caridade, não morrerá jamais, já passou da morte para a vida, porquanto encontrou as soluções de todos os seus problemas espirituais e humanos.

Zarur ensinava:

— É no campo espiritual que se encontram as soluções de todos os problemas que afligem a humanidade.

Na Religião de Deus, do Cristo e do Espírito Santo e na Legião da Boa Vontade, que estão aí a pleno vapor, aplicamos a mencionada Fórmula Urgentíssima, segundo as Bem-Aventuranças de Jesus no Sermão da Montanha (Mateus, 5:1 a 12). Fizemos isso e as Instituições da

Boa Vontade vêm crescendo e se expandindo em decorrência dessa sábia observância, porque **não invertemos a Ordem do Cristo para as coisas do campo material — que devem começar pelo espiritual**. Na Religião do Terceiro Milênio, precisamos, em um exercício diário, **nos esforçar para entrar na faixa que une à Humanidade de Cima a humanidade de baixo**, isto é, os Dois Planos. Aí sim, receberemos aquilo que Jesus promete na Sua Carta à Igreja em Tiatira:

> — *Ao vencedor, que guardar* ***até ao fim*** *as minhas obras,* ***Eu lhe darei poder sobre as nações, e com cetro de ferro as regerá****, e as reduzirá a pedaços como se fossem objetos de barro* (Apocalipse, 2:26 e 27).

Compreendemos pelas Palavras do Profeta Divino, em Sua Redentora Revelação, que o comando das nações significa, sobretudo, **a iluminação da Alma humana**, pois já lhes disse que **governar é educar o sentimento para o Bem**. Não se trata do poder pela hegemonia da força no mundo inteiro. Lembramos o respeitado astrólogo inglês Edward Lyndoe (1901-1982), que anteviu que *"da América Latina surgiria um domínio sem domínio"*.

E nada mais poderoso do que o discernimento espiritual, tendo por base a maior força do Universo, singularizada na Ordem Suprema do Cristo:

— *Amai-vos como Eu vos amei. Somente assim podereis ser reconhecidos como meus discípulos* (Evangelho, segundo João, 13:34 e 35).

Esse é o domínio sem domínio sendo proclamado diretamente das Terras de Santa Cruz para além-fronteiras. **O Abnegado Pastor está conduzindo, com a Claridade Celeste de Seu Amor Divino, a humanidade à sua Libertação Espiritual.** E um discípulo aplicado acompanha as pegadas do Mestre, *"segue a Sua Luz, e isso lhe basta"*, como em certa ocasião declarou o inesquecível Dr. Bittencourt Sampaio (1834-1895).

Bittencourt Sampaio

Se Jesus é o Sol da Caridade e não existimos afastados Dele, Ele é igualmente o Sol da Primeira Caridade, aquela que nos mantém vivos, visto que clareia nosso Espírito e nos dá força para sobrevivermos.

CONSERVAR A PRIMEIRA CARIDADE

Academia Jesus, o Cristo Ecumênico, o Divino Estadista *— O desafio em conservar a Primeira Caridade no coração do seguidor do Santo Evangelho é assunto recorrente no Mundo Invisível mais elevado. Lá as Almas Benditas que almejam, com toda a profusão de sentimentos, a nossa vitória vibram e trabalham para a manutenção desse apostolado sublime. É o caso do nosso estimado Irmão Flexa Dourada (Espírito). Transcrevemos, por oportuno, diálogo ocorrido entre ele e o Presidente-Pregador da Religião Divina durante Reunião do Centro Espiritual Universalista, o CEU da Religião de Deus, do Cristo e do Espírito Santo, no dia 28 de abril de 2012 (sábado).*

Paiva Netto, antes da manifestação espiritual desse Amigo de Jesus, por intermédio do sensitivo Cristão do Novo Mandamento Chico Periotto, proferiu uma comovente prece, como é costume na abertura das ati-

vidades da Revolução Mundial dos Espíritos de Luz, na Quarta Revelação, a Religião do Amor Universal[36]*:*

Daremos início aos nossos trabalhos espirituais de hoje. Elevemos o pensamento a Deus! Deixem-me pegar aqui o livro *Jesus, o Profeta Divino* (2011). Vejam, abri justamente na página sobre o Dr. Bezerra de Menezes (Espírito)! São elas 62 e 63 de minha obra. O que será que o nosso velho amigo está dizendo?! Leiamos:

---

[36] **Revolução Mundial dos Espíritos de Luz, na Quarta Revelação** — Anunciada em 1953, por Alziro Zarur (1914-1979), abrange um amplo movimento de caráter ecumênico total, que promove o intercâmbio consciente entre as Duas Humanidades: a da Terra e a do Céu da Terra. A iniciativa ganhou corpo a partir da década de 1990, quando o escritor Paiva Netto, acrescentando ao título a expressão "de Luz", deu maior desenvoltura às reuniões práticas do Centro Espiritual Universalista (CEU), criando, em 6 de janeiro de 1992, o primeiro grupo efetivo de mediunidade direta da Religião do Amor Universal. Sob o comando de Paiva Netto, o Irmão Dr. Bezerra de Menezes coordena, no Mundo Espiritual, esse vanguardeiro trabalho. Em 3 de abril de 1993, esse bondoso clínico do Céu assim se expressou: *"A equipe médica da Medicina Divina está olhando a todos, não somente aqueles que estão dentro dos recintos das Igrejas Ecumênicas da Religião de Deus, do Cristo e do Espírito Santo, mas também a todos aqueles que não puderam se deslocar, por dificuldades físicas, orgânicas, materiais. Estamos com 50 mil médicos do Etéreo trabalhando, a todo vapor, para a libertação dos males físicos e espirituais do Brasil e do mundo".*

O Fim dos Tempos

No prestigioso jornal *O Paiz*, escreveu, no século 19, o médico, político e taumaturgo brasileiro Dr. Bezerra de Menezes (1831-1900):

> *(...) O planeta, pois, continua, não acaba, como acreditam os que interpretam as Escrituras pela letra (...).*
>
> *Juízo Final é, em Espírito e Verdade, a separação ou distinção dos que têm o toque para acompanhar o planeta, em sua* [nova] *ascensão, e dos que não o têm.*

No mesmo título de minha autoria, transcrevi uma palavra do físico, matemático e astrônomo Galileu Galilei (1564-1642):

Galileu Galilei

> — *Não me sinto obrigado a acreditar que o mesmo Deus que nos dotou de sentidos, razão e intelecto pretenda que não os utilizemos.*

* * *

Abro aqui agora o Santo Evangelho do Cristo, porque sem ele... nada feito.

Que maravilha! O texto é "Jesus caminha sobre as águas". É o que queremos fazer: **andar sobre o mar pelo Poder Extraordinário do Celeste Timoneiro**.

Águas das dificuldades diárias, sejam elas espirituais, sociais ou humanas. E sempre as venceremos.

Jesus caminha sobre as águas

Logo após compelir Seus Discípulos a que embarcassem e Lhe tomassem a dianteira para a outra margem, rumo a Betsaida, enquanto Ele próprio despedia a multidão, Jesus subiu ao monte para orar. Ao anoitecer, a barca já se achava no meio do mar, a uns vinte e cinco a trinta estádios, e Ele, sozinho, em terra. Vendo-os embaraçados em remar, porque o forte vento lhes era contrário, ao surgir a madrugada foi ter com eles, andando sobre as águas e fazendo menção de passar-lhes adiante. Quando O avistaram a andar sobre o mar, assustaram-se e exclamaram: — É um fantasma! — e de medo gritaram. — Jesus, porém, imediatamente lhes falou: — "Tende ânimo, sou Eu; não tenhais medo!" — Disse-Lhe, então, Pedro: — Se és Tu, Senhor, ordena que eu vá por cima das águas até onde estás. Ele respondeu: — "Vem". E Pedro, descendo da barca, andou sobre as águas em direção a Jesus. Quando, porém, sentiu o vento, teve medo e, começando a submergir, gritou: — Salva-me, Senhor!

(Evangelho, segundo Mateus, 14:22 a 30;
Marcos, 6:45 a 50; e João, 6:16 a 21)

Isso ocorreu para que a humanidade aprendesse a ter Fé. Pedro, o Príncipe dos Apóstolos, era um ser humano falível como os demais e sentiu medo no meio daquela borrasca, daqueles ventos, daquela água toda, daquela forte correnteza.

> — *Ora, no mesmo instante, Jesus, estendendo a mão, segurou-o e disse-lhe: — "Por que duvidaste, homem de pequena fé?" — Entretanto, entrando ambos na barca, cessou o vento. E eles* [os Apóstolos] *se encheram de admiração, porque, corações ainda endurecidos, não haviam mesmo compreendido o fato dos pães* [da multiplicação dos pães]. *Os que estavam na barca se prosternaram diante Dele, dizendo: — "Verdadeiramente Tu és o Filho de Deus!"*
>
> (Boa Nova, consoante Mateus, 14:31 a 33; e Marcos, 6:51 e 52)

Meu Deus!, eles não haviam compreendido ainda o milagre da multiplicação dos pães (João, 6:1 a 15). Basta ver que argumentaram na outra vez: *"Não há dinheiro para comprar pães nem peixes"*. E, no entanto, **Jesus possui o poder de multiplicar o que bem-quiser**. Só pede que **tenhamos Fé**, **a Fé que remove montanhas**, da qual Ele nos falou: *"Se tiverdes Fé do tamanho de um grão de mostarda* [que é a menorzinha das sementes, mas que, ao se desenvolver, se torna a maior das hortaliças], *removereis daqui as montanhas"* (Evangelho, consoante Mateus, 17:20.) Claro que o Divino Mestre se referia às montanhas das dificuldades que atravessam os caminhos das nossas vidas. Se conservarmos a Fé, tiraremos todas elas da nossa estrada. Por maiores que sejam, mais escarpadas que se apresentem, todas serão afastadas, porque a Fé Realizante em Cristo Jesus promove a concretude de ações.

E recordo aqui o que, em certa ocasião, o Dr. Bezerra de Menezes (Espírito) recomendou:

> — *Se algo mais difícil ocorre, não deixemos de consultar nossos Anjos Guardiães em prece, em súplica, pois o Evangelho de Jesus nos acalma, nos eleva, nos ilumina.*

Publicamos esse seu recado na edição 113 da revista JESUS ESTÁ CHEGANDO!, de março de 2012.

Pai-Nosso — A Constituição Espiritual do mundo

(Santo Evangelho, segundo Mateus, 6:9 a 13.)

Vamos falar com Deus!

> *Pai Nosso, que estais no Céu* [ajuda-nos, Jesus, a ter sempre e cada vez mais essa Fé em Deus], *santificado seja o Vosso Nome. Venha a nós o Vosso Reino. Seja feita a Vossa Vontade, assim na Terra*

como no Céu. O pão nosso de cada dia dai-nos hoje. Perdoai as nossas dívidas, assim como nós perdoarmos aos nossos devedores. E não nos deixeis cair em tentação, mas livrai-nos do mal, porque Vosso é o Reino, e o Poder, e a Glória para sempre. Amém!

Momento Ecumênico de Prece

Jesus, Bom e Amado Mestre, cuja Misericórdia nos sustenta, aproxima de nós os Bons Espíritos, as Almas Benditas, como esses que aqui estão sob a coordenação do nobre e generoso Dr. Bezerra de Menezes. E leva para serem corrigidos, medicados, curados aqueles que, ao verem a luz dessas reuniões, tentam se juntar a nós, mas ainda não podem ficar neste ambiente nem por perto. Há um fio luminoso de proteção neste local, que impede a entrada dos espíritos perturbados e perturbadores.

Dr. Bezerra de Menezes

Hoje, 28 de abril de 2012 (sábado), na Igreja Familiar número 1 da Religião Divina, estamos orando. Que essa prece alcance todos os corações onde quer que estejam!

Flexa Dourada

Gratos, ó caridoso Irmão Dr. Bezerra de Menezes, por encontrar-se conosco todos esses anos, nos conduzindo e nos ensinando a aproximar Jesus de nós, como faz também o Irmão Flexa Dourada, que é o porta-voz de todos os Espíritos de Luz, quando não está presente o Dr. Bezerra manifestado.

Se Jesus está perto de nós, se aqueles que O acompanham fielmente permanecem próximos de nós, as soluções, por mais difíceis que pareçam, surgem, surgem, surgem! Não há Poder maior do que o de Deus, do Cristo e do Espírito Santo.

Quem confia em Jesus não perde o seu tempo, porque Ele é o Grande Amigo que não abandona amigo no meio do caminho!

E eu peço pelos Irmãos que voltaram à Pátria da Verdade e por aqueles que padecem na Terra, precisados do socorro médico material e espiritual.

Como exclamava o Irmão Zarur:

— ***Em qualquer circunstância, pensem logo em Jesus!***

"Glória a Deus nas Alturas, Paz na Terra aos homens [e às mulheres, aos jovens, às crianças e aos Espíritos, Almas Benditas] *da Boa Vontade de Deus!"*

Deus Está Presente!
Viva Jesus, o Divino Ecumênico, o Cristo, o Estadista Celeste, em nossos corações para sempre!

Manifestação espiritual do Irmão Flexa Dourada

1) ***Flexa Dourada (FD):*** *Salve, Jesus!*

2) **Paiva Netto (PN):** Salve, Jesus!

Motivação que provém da Alma

3) ***FD:*** *Essa passagem do Evangelho de Jesus* [quando Ele caminha sobre as águas] *é uma aula de motivação, não é, Irmão de Paiva?*

4) **PN:** Sim, é. E de coragem.

5) ***FD:*** *As pessoas acham que motivação é o que a pessoa diz à outra.* ***Motivação é o que nasce dentro de nós.***

6) **PN:** Que bonito! **É a Primeira Caridade, chama que não pode se apagar jamais!**

7) ***FD: Se está dentro da Alma o espírito da Esperança e da Fé, então a motivação nasce.***

8) *Em Cima, os Espíritos de Deus estão sempre conversando sobre isso. Devemos sempre passar aos nossos Irmãos de luta que não esperem o chamado "confete" da Terra.* ***Têm que buscar dentro do coração e da***

Alma o espírito da Fé Realizante, que o Irmão de Paiva tão bem expressou. Isso sim é o espírito de motivação da Primeira Caridade.

9) *Temos Deus por nós, não é, Irmão de Paiva?*

10) **PN:** Então, quem será contra nós?!

11) ***FD:*** *Isso é motivação pura. Temos o Sol que está nascendo, temos a chuva que vem regar as plantas... Isso é motivação que a Natureza dá a nós todos os dias. Temos a Ciência na Terra que ajuda o ser humano, que Deus permite que ajude; os médicos bons, corretos. Isso tudo é motivação de vida para o ser humano. Temos o raciocínio que Deus nos permite, nos dando o livre-arbítrio e cobrando de nós apenas as responsabilidades.*

12) ***Isso é o espírito da motivação que gera renovação em tudo na vida, no ser humano.*** *E começa com as crianças. A criança vê seu pai e sua mãe felizes, unidos e trabalhando em prol da família, em prol da sociedade e fica feliz também. Os pais já estão passando o exemplo da motivação que vai germinar no coração daquela criancinha que vai virar um adulto bom, honesto, moralmente entendendo seu papel na sociedade. Seu papel ecumênico! Tem que sempre dizer assim. Não podemos esquecer. Dr. Bezerra chama sempre a atenção:* "Sempre que falar, fale o Ecumênico

junto, para não deixar a corrente quebrar". *O Irmão de Paiva faz uma Cruzada por Ecumenismo de Deus na Terra. Os Espíritos têm que acompanhar isso, fazer bem a sua parte.*

13) *E assim é a Vida. A motivação que nasce na Alma, no coração de cada criatura.*

14) *E sua palavra tem sido um inspirador de motivação para muita gente do povo.*

15) **PN:** Graças a Deus!

16) ***FD:*** *E para muita gente da sociedade. E assim vai cumprindo a missão, vai espalhando o espírito da Boa Vontade nas Almas de todos. Só isso é que pode salvar o planeta, que pode amenizar as dores e os sofrimentos. Porque o instinto humano das criaturas cruéis, como esses Espíritos que ficam do outro lado perturbando, é sempre querer o mal, é querer vilipendiar, levar a hostilidade às criaturas.*

Atrair as Forças Divinas

17) *Por isso, é importante a faixa em que vibramos; por isso, é importante o que o senhor fala a cada um sempre, no* "orai e vigiai", *pensando no Bem, para atrair essas Forças Divinas. São Forças Divinas que estão no planeta espalhadas, estão no Céu, estão no Espaço. É que nem ímã. E elas vêm. Pensando, pensando de for-*

ma elevada. Assim são as soluções de todos os problemas. Tudo é atraído. Trabalhando sempre com esse espírito, a gente consegue fazer com que as coisas sejam resolvidas. Erramos menos. Trabalhamos sempre para errar menos.

Felicidade na Alma

18) *Quem faz o Bem à humanidade tem que ter felicidade na Alma. Não pode ser diferente. É esse espírito que as crianças que nascem na LBV hoje vão trazendo ao mundo, que é a renovação espiritual, a Cultura de Deus!*

Cruzada em favor da Vida

19) *A Cruzada que o Irmão de Paiva está fazendo pela Vida continua. Entreguemos a Jesus e façamos sempre a nossa parte. Nossos passos continuam sendo dados.*

20) *Façamos a nossa parte. O que não podemos é nos calar. É preciso sempre pregar, é falar, é todo dia transmitir o recado. Não esperar um acontecimento para botar um recado no ar. Todo dia, todo dia, todas as horas, todos os momentos falar pela Vida.*

21) **PN:** No rádio, na televisão e na internet.

22) ***FD:*** *Jesus nos deu as chances, deu a voz, deu a fala, deu a escrita, deu o computador.*

23) **PN:** Realmente, deu o computador. Integra o mundo inteiro e facilita a vida do emissário. São ferramentas que Jesus põe nas mãos dos pregadores.

24) ***FD:*** *Jesus deu o computador à humanidade. A humanidade se arrebenta se quiser. Se não quiser se arrebentar, não se arrebenta.*

Trabalho que atrai as vitórias

25) *Os Espíritos de Luz reiteram sobre os desafios que sempre enfrentaremos na propagação do Bem. E dizem: trabalhem, trabalhem, trabalhem, porque as extraordinárias vitórias virão. Trabalhando, as atraímos para perto de nós.*

26) *E somente os que tiverem compromisso com a Fé Realizante podem ser prestigiados com a Boa Vontade de Deus.*

Não pode faltar a Primeira Caridade

27) ***Falta nas pessoas, que precisam ser lapidadas na Alma, o espírito da Primeira Caridade. Quando o espírito da Primeira Caridade não existe mais, a pessoa entra no caminho da morte espiritual.*** *Essas são lições que aqui em Cima recebemos todos os dias, para todo mundo deixar de ser arrogante, prepotente, não achar que é muita coisa.* ***A Primeira Caridade é o elo que***

liga a vida toda de qualquer um, do discípulo ao Apóstolo, missionário que está com a missão mais pesada nos ombros. *É a Primeira Caridade. Sem ela, esquecemos a nossa condição de criaturas humanas que são sempre suscetíveis às paixões da carne. E assim deixamos de cumprir a maior das paixões que é aquela que Jesus nos determina, e o* "orai e vigiai" *não acontece.*

Somos indestrutíveis se realmente estamos com Jesus

28) *Somos absolutamente fortes, desde que Jesus seja a nossa essência.*

29) *Nada nos destrói se Jesus está por nós e nós estamos por Jesus. Mas, se realmente estamos com Ele, se cumprirmos o que Ele determina.*

30) *"Ah, provas..." Todo mundo vai passar provas na Terra, não tem como não passar. Se Jesus não deixou de passar a Dele...*

31) *Sendo Mestre, sendo Aquele que tinha a responsabilidade maior entre todos, então quem seremos nós para não passar as nossas provas? Mas podemos aliviar, podemos nos desviar dos obstáculos, podemos receber toda a Condição Superior para cumprir bem a missão, cumprir bem o trabalho.*

Os caminhos estão abertos

32) *Os caminhos estão abertos. Os caminhos não estão fechados. Trabalhando com o Zelo Divino, é Zelo Divino, todas as benesses do Espírito vêm. Todas!*

Onde estivermos, somos Legionários da Boa Vontade de Deus

33) *Fica a lição de sermos sempre Legionários da Boa Vontade de Deus, Cristãos do Novo Mandamento, Amigos de Jesus, onde estivermos. Onde estivermos, somos LBV, somos Religião Divina! Somos Espíritos em ação em prol do Bem comum.*

34) *Irmão de Paiva, Salve, Jesus!*

35) **PN:** Salve, Jesus!

36) ***FD:*** *Sempre nesta Casa! Sempre nesta Casa! Sempre nesta Casa!*

AS MÁS OBRAS DOS NICOLAÍTAS

Academia Jesus, o Cristo Ecumênico, o Divino Estadista *— Acompanhando a análise que Paiva Netto vem fazendo da Mensagem do Cristo remetida aos cristãos de Éfeso, dentro da série "O Apocalipse de Jesus para os Simples de Coração", chegamos ao versículo 6 do capítulo 2 do Último Livro da Bíblia Sagrada. Nós nos deparamos então com a referência feita pelo Excelso Pastor aos nicolaítas. Quem eram? O que representavam as suas obras? Por que Jesus aprovou o distanciamento dos seguidores do Caminho das ações dos nicolaítas?*

Passemos a palavra ao Presidente-Pregador da Religião Divina:

6 *Mas isto tens de bom: detestas as obras dos nicolaítas, as quais eu também desprezo.*

(Apocalipse, 2:6)

Estamos chegando ao final de nossa análise sobre a Carta de Jesus à Igreja em Éfeso. Gostaria de me ater à explicação histórica acerca dos nicolaítas. Aliás, vocês notarão que, em expressão moral — ou melhor dizendo, imoral —, eles ainda campeiam pelo mundo.

Uriah Smith

Recorremos ao pioneiro líder adventista e reconhecido intérprete do Último Livro do Cânone Sagrado, Uriah Smith (1832-1903), que explica:

— *Quão pronto está Cristo a reconhecer quaisquer boas qualidades que possua o Seu povo! Se há alguma coisa que mereça a Sua aprovação, logo a menciona. E nesta mensagem à Igreja de Éfeso, tendo mencionado primeiro os seus bons traços e depois os maus, como se não quisesse passar adiante nenhuma das suas boas qualidades, menciona que eles aborreciam as obras dos nicolaítas, os quais Ele também aborrecia. No versículo 15, é de novo condenada a doutrina com as mesmas características. Parece que os nicolaítas constituíam uma classe de pessoas cujas ações e doutrinas eram abomináveis à vista do Céu. Sua origem está envolvida em certa dúvida. Alguns dizem que procediam de Nicolau de Antioquia, um dos sete diáconos (Atos 6:5); outros, que a sua origem era atribuída a ele, só para se apoiar com o prestígio do seu nome; e, finalmente, outros, que a seita tomou o nome de um Nicolau de data posterior, e é esta provavelmente a opinião mais correta. Acerca das suas doutrinas e práticas, parece ser opinião geral que defendiam a poligamia, considerando o adultério e a fornicação como coisas indiferentes, e permitiam o comer coisas oferecidas aos ídolos. (Ver* Religious Encyclopedia, *Clarke, Kitto e outras autoridades).*

Há também uma nota de rodapé, em que ele ainda pondera:

> — *Talvez devamos ver em Nicolau um nome simbólico como em Balaão, Antipas e Jezabel. Ora, Nicolau quer dizer "conquistador ou triunfador do povo" e deve ser a versão grega do hebraico Balaão (ou Bal-aam) "senhor ou destruidor do povo". Sendo assim, os nicolaítas eram os partidários ou defensores de sistema iníquo e idólatra.*

Digo sempre que **só o Bem justifica a existência humana**. Nada de duradouro se constrói afastado do bom senso, que, em profundidade, igualmente significa Amor. **Deus e Jesus são a Rocha** sobre a qual podemos confiantemente construir e de forma segura aprender os Ditames Sublimes. Logo, **fora desse inabalável Alicerce, o que se tem é o mais completo esquecimento da História**. Daí as incertezas e o tão pouco que se sabe sobre os nicolaítas. Independentemente das especulações, Jesus fez conhecer que as obras deles eram más, que os nossos Irmãos em Éfeso as desprezavam e por essa razão foram reconhecidos pelo próprio Cristo na defesa contra essa reprovável perturbação.

De *O Evangelho do Sexo*

Costumo afirmar que **Deus criou o sexo. O ser humano, a perversão sexual e suas consequências.** É no terreno do Espírito, e não entre as pernas da fêmea e do macho, que se encontra a sede do Amor. **O sexo é apenas uma faculdade da Universidade Amor que cuida do mais elevado sentimento que pode envolver a Alma.**

Nossos Amigos Espirituais que cooperam incessantemente com a Revolução Mundial dos Espíritos da Luz, na Quarta Revelação — a Religião de Deus, do Cristo e do Espírito Santo —, sempre me pedem que eu fale aos jovens de todas as idades sobre esse tema.

Registrei nos originais do meu livro *Evangelho do Sexo*, elucidativa revelação feita pelo Irmão Flexa Dourada (Espírito), no dia 2 de agosto de 2003, na cidade do Rio de Janeiro/RJ, durante uma das Reuniões do Centro Espiritual Universalista, o CEU da Religião Divina, pela sensitividade do Cristão do Novo Mandamento Chico Periotto. Na ocasião, tratou dos motivos que levam muitos a deturparem o real significado do sexo —

distorção que os nicolaítas normalizaram — e apontou o caminho para não sermos enquadrados nisso:

O sexo e a trama do mal

— *Numerosas Almas que ainda persistem no erro costumam vampirizar as criaturas humanas. Estão entre as piores espécies de entidades do astral inferior do Mundo Espiritual. São espíritos especializados em deturpar o sexo na Terra. E o ato sexual é uma coisa tão bonita que Deus criou para o homem e para a mulher! Mas o que vem ocorrendo por aí nesse campo é trama de satanás. Ele* "está desesperado por saber que lhe resta pouco tempo" *(Apocalipse, 12:12) e já não sabe mais o que fazer. Porém, Jesus o está encurralando. E os seres humanos, iluminados pela Espiritualidade Ecumênica que a Religião Divina encarna, sempre encontrarão o equilíbrio necessário.* ***Jesus manda perseverar no Bem até o fim.***

Academia Jesus, o Cristo Ecumênico, o Divino Estadista — *Muito a propósito, este ensinamento publicado pela Editora Elevação no livro* Reflexões sobre Jesus e Suas Leis *(2023), de autoria do ínclito Irmão Dr. Bezerra de Menezes (Espírito), pela sensitividade de Chico Periotto:*

— Aos olhos da Terra, o surgimento de doenças infectocontagiosas geralmente é, na verdade, uma resposta aos seres humanos transgressores dos próprios limites. Temos fronteiras a respeitar. Aos homens e às mulheres encarnados, os horizontes sexuais sem limites corromperam a relação pura do sexo criado por Deus. E o retorno disso aí está campeando pelo planeta, com o aumento trágico das doenças sexualmente transmissíveis. Suas consequências serão terríveis e de devastadoras proporções.

***Academia Jesus, o Cristo Ecumênico, o Divino Estadista** — Diante da importância do assunto, recorramos a comentários que surgiram durante descontraído bate-papo do Líder da Juventude Ecumênica da Boa Vontade de Deus, em São Paulo/SP, com jovens de todas as idades, e que se encontram publicados em* Reflexões e Pensamentos — Dialética da Boa Vontade *(1987).*

Diz Paiva Netto:

Em primeiro lugar, não sou palmatória do mundo. Entretanto, o sexo tem sido uma preocupação obsessiva da humanidade. Poucos têm alcançado a sua Mensagem de Luz. (...) O planeta Terra não é a casa da mãe joana. Os que assim o consideram erram redondamente. E sofrem os efeitos dos seus enganos. É lógico. Deus criou o sexo, mas o ser humano, as doenças venéreas e suas consequências. *"Deus é Amor"*, ensinou Jesus (por intermédio de João Evangelista, Primeira Epístola, 4:8). Sexo sem Deus, que é Amor, leva à frustração mais completa, às infecções e até à loucura. Costumo dizer que sexo sem Amor enfastia. Tudo o que foge ao equilíbrio entedia, enoja e um dia se vomita. Hoje tudo é "sexo". Dá-se uma topada: "sexo"! Alguém espirra: "sexo"! (espirro sexual — risos); não se coloca o boné direito na cabeça: "sexo"!; dois carros chocam-se na esquina: "sexo" (neste caso, pode ser que, por distração ao volante, o seja)!; inflação: "sexo!" (risos) Já explicamos esse fenômeno: durante milênios, houve uma espécie de prisão geral da sociedade, no que diz respeito principalmente à Sexologia.

Sexo é criação

A humanidade, em processo de amadurecimento, foi entrando por todas as portas que lhe eram vedadas oficialmente, porque, na verdade, mesmo que às escondidas, as criaturas sempre andaram quebrando trancas de qualquer maneira. Então... "descobriu-se" o sexo... (risos) que certamente já existe desde antes da criação deste orbe... **O surgimento do Universo foi um ato sexual sublimado por Deus, *ipso facto*, sem doenças venéreas...** Sexo é criação. Não surgiu para malversação das energias humanas. Quem assim age, mesmo que se tenha como muito esperto, avançado...

por consequência é um dilapidador de si próprio ou de si mesma. Há um ditado popular que exprime os excessos universais de agora:

— *Quem jamais comeu melado, quando come se lambuza...*

A humanidade está embriagada pelo "sexo"... num completo porre... Um dia, porém, por força do Amor ou da Dor — cumpre que ela escolha seu caminho em função do livre-arbítrio —, tudo seguirá a correta marcha à felicidade.

O sexo é apenas uma faculdade da Universidade Amor que cuida do mais elevado sentimento que pode envolver a Alma.

SER HUMANO: A OBRA MÁXIMA DE DEUS

Antes da bonança vem a tormenta. Primeiramente, o caos sacode as estruturas apodrecidas pela hipocrisia, corrupção, rapina, fanatismo, ódio... O que é considerado digno, se não o for, desabará! Cultural, moral e espiritualmente, Deus põe todos nus[37], por isso mesmo, vistos como de fato são... É o que está ocorrendo, neste fim de ciclo apocalíptico. E ainda se intensificará mais, até que tudo o que existe de oculto dentro do ser humano apareça, para que seja lançado no lixo o que nele está arruinado. Nessa época, o que é falso não se sustentará de pé. Já está caindo... Como advertia Alziro Zarur:

---

[37] Apocalipse de Jesus, 16:15: *"Eis que venho como vem o ladrão. Bem-aventurado aquele que vigia e guarda as suas vestes, para não andar nu, e não se veja a sua vergonha"*. Ouça explicação nas palestras que Paiva Netto proferiu sobre esse versículo na série radiofônica "O Apocalipse de Jesus para os Simples de Coração" (apresentada pela primeira vez de 27 de outubro de 1990 a fevereiro de 1992, na Super Rede Boa Vontade de Rádio). Veja a lista de emissoras ao final do livro ou baixe pela loja de aplicativos de seu celular o Boa Vontade Play.

— *Só a Verdade ficará de pé. Quem está com a Verdade nada pode temer.*

O papel da Religião do Terceiro Milênio, ante o estado do mundo, não é acusar:

— *Criminoso! Doente! Pecador!*

Por outro lado, com muita energia, bem que fraternalmente, aconselha:

— *Meu amigo, minha amiga, você não é apenas isso.*

O ser humano — a Obra Máxima de Deus[38] — não se limita ao gozo e às satisfações do corpo perecível, futuro cadáver. É muito mais. É luz! O Espírito, parte invisível da criatura, também tem seus prazeres, extraordinários prazeres. Que tal experimentá-los? Aquele que conhece o Amor não usa o sexo pelo sexo. Sexo é bom, porém, mais dia, menos dia, fará mal aos que mal o usam, física ou psiquicamente. Por favor, não confundamos Amor e sexo com passe livre para desequilíbrios espirituais, emocionais e físicos.

---

38 ***"A Obra Máxima de Deus: a criatura humana"*** — Pensamento do Irmão Alziro Zarur.

Sexo se faz com o coração

No dia 3 de setembro de 2005 (sábado), ao palestrar aos Jovens Legionários da Boa Vontade que se encontravam na Regional da LBV, na cidade do Rio de Janeiro/RJ, chamei-lhes a atenção para as funestas consequências de se querer separar sexo de Amor, casamento de Amor.

Já houve quem escrevesse, e pessoa conceituada, que o sexo é mais importante que o Amor. Respeito o seu ponto de vista. Porém, depois há quem fique espantado, questionando:

"Por que tanta violência, estupros, tanto isso, tanto aquilo?"

"O que aconteceu com a minha filha?"

"O que aconteceu com o meu filho?"

Mas separam o sexo do Amor. Ora, **sexo se faz com o coração**. Quando nós, seres humanos, aprendermos isso, estaremos caminhando na direção da Paz.

Grave denúncia

Em meu livro *As Profecias sem Mistério* (1998), destaquei que não nos arrogamos a posição de juiz de quem quer que seja. Nossa intenção é evidenciar as qualidades dos indivíduos. Contudo, cada um é inequivocamente responsável pelos seus atos perante Deus, a comunidade e a própria consciência. Estou me referindo ao covarde tráfico, à venda de criaturas humanas, à exploração sexual de crianças, jovens e mulheres, à pedofilia, à efebofilia, à pornografia, à disseminação de infecções sexualmente transmissíveis (ISTs), ao abuso e ao assédio sexual, ao aborto e a tantos outros males que precisam ser eficientemente combatidos em escala planetária, para que não sejamos acomodados espectadores de situações como a denunciada por Alziro Zarur, no seu "Poema do Mundo Escravo", que dedicou a Castro Alves (1847-1871), publicado no matutino *A Pátria*, em 7 de julho de 1935, com o título "Vozes do Mundo":

Castro Alves

....

....

....

Olha aquela menina de treze anos!
Já provou desta vida os desenganos
E ali está, a exibir-se:
O pai caiu do andaime na calçada,
E a mãe, herdando a prole esfomeada,
Mandou-a prostituir-se!

....

....

....

"O mistério da iniquidade"

O renomado pastor evangélico norte-americano Billy Graham (1918-2018) emitiu acertada observação quanto aos tempos atuais:

> — *Estamos vivendo numa época em que os padrões divinos com frequência são postos de lado, ou escarnecidos como inúteis e fora de moda. Contudo, os padrões de Deus não mudaram; e tampouco mudaram Suas promessas àqueles que seguem a Cristo.*

Está certíssimo, pois tal perversão das coisas, representada pelos nicolaítas, não se aplica apenas ao campo da Sexologia. A disseminação de falsas doutrinas, por exemplo, corrompe um ambiente muito mais sutil, que é o pensamento humano. Altares são erguidos a ídolos materiais com suas ideias perniciosas que nada condizem com o Conhecimento Divino fartamente explicitado no Evangelho-Apocalipse de Jesus. Veremos, nos próximos volumes desta coleção, em particular na Carta de Jesus à Igreja em Pérgamo (Apocalipse, 2:12 a 17), como isso se deu no meio daquela comunidade cristã. Leiamos o que denunciou o Apóstolo Paulo aos Tessalonicenses, na sua Segunda Epístola, 2:7 a 12:

7 Com efeito, o mistério da iniquidade já opera e aguarda somente que seja afastado aquele que agora o detém;
8 então, será, de fato, revelado o iníquo, a quem o Senhor Jesus desfará pelo sopro da Sua boca e o destruirá pela manifestação de Sua vinda.
9 Ora, o aparecimento do iníquo é segundo a eficácia de satanás, com todo poder, e sinais, e prodígios da mentira,
10 e com todo engano de injustiça aos que perecem, porque não acolheram o Amor da Verdade para serem salvos.
11 É por isso que Deus lhes manda o poder da sedução, para acreditarem na mentira,
12 a fim de serem julgados todos quantos não deram crédito à Verdade; antes, pelo contrário, deleitaram-se com a injustiça.

Não acham imprescindível o estudo do Apocalipse de Jesus para os Simples de Coração para sabermos diferenciar a Verdade de Deus da mentira? Trata-se do livro mais importante da Bíblia Sagrada, explicado da maneira mais acessível, às vezes até simplória, porque é preciso que o Brasil e o mundo conheçam tudo isso que é tão fundamental para a nossa sobrevivência neste final dos tempos proféticos.

Recordo-me com satisfação de uma palavra do meu saudoso amigo, professor Walter Poyares (1916-2005), que foi durante décadas assessor da presidência das Organizações Globo. Dizia ele que conseguimos, com a nossa pregação,

> *— retirar, sobretudo, uma visão reduzida à simplicidade, isto é, as pessoas acabam entendendo sua mensagem. Vejam o Apocalipse, um texto de dificílima leitura, que o escritor transforma em facilidade.*

É isso que queremos. Somente com esta Sabedoria Divina, o Brasil poderá ser o Coração do Mundo e a Pátria do Evangelho-Apocalipse do Cristo, em Espírito e Verdade, à luz do Novo Mandamento do Divino Amigo. **Que saibamos honrar esse luminoso desiderato, a fim de que jamais tenhamos removido deste solo abençoado o nosso candeeiro!**

OUÇA QUEM TEM OUVIDOS DE OUVIR

Academia Jesus, o Cristo Ecumênico, o Divino Estadista *— Chegamos ao recado final de Jesus às Irmãs e aos Irmãos da Igreja em Éfeso. Notamos neste último versículo da narrativa, o 7 do capítulo 2 do Apocalipse, a forma solene com a qual o Divino Mestre encerra Suas Missivas às Sete Igrejas da Ásia:* **"Quem tem ouvidos de ouvir ouça o que o Espírito diz às Igrejas do Senhor".** *Mas o que exatamente o Sábio dos Milênios queria enfatizar com a eloquente sentença?*

Vejamos o que nos ensina Paiva Netto:

7 Quem tem ouvidos de ouvir ouça o que o Espírito diz às Igrejas do Senhor. Ao vencedor darei a comer os frutos da Árvore da Vida Eterna que se encontra no paraíso de meu Deus.

(Apocalipse, 2:7)

Jesus se vale dessa rogativa para chamar a atenção para a importância e urgência de vivermos Seus Ensinos, conforme lemos também na Boa Nova[39].

O Irmão Zarur, conhecedor da força espiritual desses dizeres e da sublime invocação que deles promana, proferia em seus programas radiofônicos, nas suas palestras e pregações o brado:

> — *Veja quem tem olhos de ver, ouça quem tem ouvidos de ouvir.*

Ele unificou a este verso a 32ª Surata, versículo 12, do Corão Sagrado:

> — *(...) Ó Senhor nosso, agora temos olhos de ver e ouvidos de ouvir (...).*

"Ouvidos de ouvir"

Jesus espera de nós **concentração plena, atenção total**. Ele poderia simplesmente ordenar: *"Ouça!"* Mas não! O reforço se faz necessário ante a tantas distrações no mundo. **O Pedagogo Celeste está canalizando os nossos sentidos espirituais e materiais para o que está sendo revelado.** E observem bem: não se trata de

---

[39] ***"Quem tem ouvidos ouça"*** — Além do Apocalipse, essa advertência se encontra nos Evangelhos do Cristo, segundo Lucas, 8:8 e 14:35; Marcos, 4:9; e Mateus, 11:15, 13:9 e 13:43.

algo proferido materialmente. Entretanto, **é o Espírito de Deus Quem está anunciando esses fatos**. Portanto, se faz ainda mais imprescindível o refinamento das nossas capacidades espirituais e materiais. **O Mestre dos mestres está educando nossa sensibilidade mediúnica para captarmos a Frequência Sideral manifesta por intermédio do Espírito do Criador do Universo.**

***"Ouvidos de ouvir"* é a sintonia perfeita no tecido Espírito-Espaço-Temporal Divino de onde tudo provém.** O que o Irmão Zarur nos ensinou sobre entrar no Silêncio da Alma? Está nas Lições do CEU, Centro Espiritual Universalista da Religião do Terceiro Milênio, que publiquei no segundo volume das *Sagradas Diretrizes Espirituais da Religião de Deus, do Cristo e do Espírito Santo* (1990):

A Voz do Silêncio

Nas mais Altas Esferas, ouvimos: ***"Aqueles que entraram no Silêncio sentiram sua Paz e receberam sua Força".*** *Este ensinamento é um ponto iniciático. Quem não tem Silêncio não pode sentir a Paz.*

Saber entrar no Silêncio é a capacidade de se isolar e de se integrar no Todo-Poderoso. *Os espíritos levianos têm medo da solidão, de Deus e da própria consciência.*

> ***Quando entra no Silêncio, você ouve a Voz de Deus e dialoga com Ele.*** *Quem entra no Silêncio penetra no Espírito de Deus e por Ele é sublimado. Tudo o que aprendemos de eterno vem desse Silêncio. As nossas mais lindas frases foram confidenciadas por ele.* ***Ele nos segredou esses ensinamentos.***

Sim, pois foi Jesus Quem afiançou:

> — *Não há nada oculto que não seja revelado nem encoberto que não venha a ser conhecido e trazido à luz* (Boa Nova, consoante Mateus, 10:26).

Mas somente com a audiência completa, a espiritual, resultante da integração absoluta no Silêncio Divino, para percebermos essas maravilhas que advêm do mais Alto. E todos temos essa condição. Não se trata apenas de algo restrito a alguns indivíduos que possuem dons espirituais como a clariaudiência. **Somos todos sensitivos e precisamos educar e aperfeiçoar nossa sintonia a partir das imorredouras lições do Santo Evangelho-Apocalipse de Jesus, porque toda e qualquer mediunidade necessita ter por base o Amor de Deus.** Caso contrário, será uma lástima.

O vencedor

E quem é este vencedor a quem o Profeta Divino se refere? **São todos aqueles que permanecem firmes na Fé Realizante e na Perseverança em Nosso Senhor Jesus Cristo**, apesar de toda a tribulação que venha sobre o mundo. Não alude a uma classe privilegiada. São **os que se colocam na posição de vencedores**, por intermédio de seus esforços, pelos séculos dos séculos. **São todos os que saem *"vencendo e para vencer"*** (Apocalipse, 6:2) **com o Cristo**, sem desistir pelo caminho.

A Árvore da Vida Eterna

O que o vencedor alcança? Algo que aparentemente estava vetado ao ser humano, desde a Gênese Mosaica: o direito de comer dos frutos da Árvore da Vida Eterna que se encontra no paraíso de Deus.

No capítulo "Jesus, o Apocalipse e a Árvore da Vida Eterna", constante de *Somos todos Profetas* (1991), antecipei-me à explicação deste símbolo que surge no primeiro livro da Bíblia Sagrada e é retomado no texto derradeiro das Escrituras Santas. Reproduzo trechos para nossa mais ampla compreensão do assunto:

A Árvore da Vida Eterna é citada, primeiramente, na Gênese Mosaica:

— E o Senhor Deus fez brotar da terra toda árvore agradável à vista e saborosa ao paladar, e a ***Árvore da Vida*** *no meio do jardim, e* ***a Árvore da Ciência do Bem e do mal*** (Gênesis, 2:9).

Nutrir-se desta última foi momentaneamente proibido por Deus às criaturas humanas (Gênesis, 2:17), porque éramos por demais primitivos para saber escolher entre **o fruto do Bem e do mal**. Na verdade, **os seus frutos são sempre bons**, nós é que estragamos a qualidade desse Alimento Espiritual, distorcendo a razão de sua existência, como muita gente deturpou as Palavras do Cristo Ecumênico, o Excelso Estadista. E logo em nome do Divino Amigo, o Ser mais Fraterno que o mundo conheceu, é que a humanidade matou, perseguiu, caluniou, infamou e torturou de todas as formas! E ninguém pode afirmar que Jesus pregou isso, pois essa sementeira é frontalmente o oposto de Seus Ensinamentos e Exemplos. E o Provedor Celeste demonstrou a todos, com Sua abnegação inconfundível, ser Ele mesmo a Árvore da Vida Eterna, conforme se apresentou a todos nós, dizendo:

— ***Eu sou a Árvore****, vós sois os ramos. (...) Sem mim nada podereis fazer.*

Jesus (João, 15:5)

Anatomia atômico-espiritual da Árvore da Vida Eterna

Se, no Antigo Testamento, o acesso à Árvore da Ciência do Bem e do mal fora impedido, no Apocalipse, os seres terrenos — Adão e Eva[40] multiplicados e sublimados — recebem a permissão de se alimentar da Majestosa Árvore da Vida Eterna, fonte da Ciência do Bem Infinito. É o que podemos ler na Carta de Jesus à Igreja em Éfeso (Apocalipse, 2:7):

— ***Ao vencedor darei a comer os frutos da Árvore da Vida Eterna que se encontra no paraíso de meu Deus.***

Ou seja, há de se perseverar, purificar-se no fogo das provas e vencer-se a si mesmo para, com equilíbrio e sabedoria, obter tal acesso. E onde encontramos a descrição da anatomia atômico-espiritual da essência dessa Árvore? Leiamos os versículos 1 e 2 do capítulo 22 do Apocalipse sobre a vinda da Nova Jerusalém, a Cidade Santa, que desce da parte de Deus aos seres humanos:

---

[40] **Adão e Eva** — Paiva Netto esclarece: *"Adão e Eva são figuras simbólicas representativas de multidões de Espíritos expulsos de mundos paradisíacos e exilados neste planeta"*. Essa e outras explicações sobre o tema podem ser encontradas no segundo volume de sua obra *Sagradas Diretrizes Espirituais da Religião de Deus, do Cristo e do Espírito Santo* (1990). Adquira o seu exemplar pelo *site* www.PaivaNetto.com/livros.

> [1] *E ele* [o Anjo] *me mostrou o* ***Rio da Água da Vida Eterna****, resplandecente como cristal, que sai do trono de Deus e do Cristo.*
>
> [2] *No meio da sua praça, de uma e outra margem do rio, está a* ***Árvore da Vida Eterna****, que produz* ***doze frutos****, dando o seu fruto de* ***mês em mês****, e as suas* ***folhas*** *servem para a cura das nações.*

A Árvore da Vida Eterna é um Tesouro Espiritual, cuja origem — notaram?! — ***"é o paraíso de meu Deus"***, testificada por Jesus, em Sua Carta à Igreja em Éfeso (Apocalipse, 2:7). Quem a irriga é o próprio Deus com os Seus Fluidos Vivificantes e ainda a faz banhar no **Rio da Água da Vida Eterna**. Logo, ela não é um acúmulo de folhas, caule, tronco, raízes, que os anos consumirão, tornando-a subsistência para o solo, com sua decomposição orgânica, absolutamente! **Trata-se de Elemento Quintessenciado, Divino Alimento para o Espírito**, por isso é eterna. Portanto, pode haver praga, escassez, quebra de safra, seca, inundação, enfim, qualquer tipo de problema, todavia o fértil vegetal estará sempre produzindo o seu fruto abençoado. Com ele, a fome cessará, as pandemias não mais surgirão e o flagelo da guerra deixará de habitar o coração humano. Seus sublimes nutrientes nos darão sustento para vencermos o sofrimento do corpo e da Alma.

Atenção, Juventude Ecumênica da Boa Vontade de Deus! Atenção, Soldadinhos de Deus, da LBV — *"Esperança do mundo"*, como proclama o Irmão Zarur! **Cumpre a nós nos fazermos merecedores dessa incomparável iguaria.**

* * *

Esta é, portanto, a recompensa aos que sustentam em Deus a Primeira Caridade e derrotam todas as adversidades com o Poder e a Autoridade Espiritual de Jesus. **Que honra para os perseverantes de Éfeso!**

Jesus espera de nós concentração plena, atenção total. Ele poderia simplesmente ordenar: *"Ouça!"* Mas não! O reforço se faz necessário ante a tantas distrações no mundo. O Pedagogo Celeste está canalizando os nossos sentidos espirituais e materiais para o que está sendo revelado. (...) *"Ouvidos de ouvir"* é a sintonia perfeita no tecido Espírito-Espaço-Temporal Divino de onde tudo provém.

ROTEIRO ESPIRITUAL PARA VENCERMOS COM O CRISTO DE DEUS

Fim dos Tempos, a Paz e a Volta Triunfal de Jesus

***Academia Jesus, o Cristo Ecumênico, o Divino Estadista** — Em 28 de outubro de 2023 (sábado), o Presidente-Pregador da Religião de Deus, do Cristo e do Espírito Santo endereçou aos Cristãos do Novo Mandamento, Amigos de Jesus, sagradas diretrizes para suplantarmos as adversidades que porventura tenhamos no ano seguinte e nas diferentes fases de nossas lutas terrenas. Num mundo constantemente ameaçado pela barbárie das guerras, da fome e da insensatez humana, o Líder das Instituições da Boa Vontade nos conclama a invocar o nome de Deus, colocando-nos sob a Proteção Divina, e a intensificar a prática das Boas Obras, fundamentando-se em diversas passagens bíblicas para nossa urgente reflexão e atitude no Bem.*

Transcreve ainda importante providência destacada pelo Irmão Espiritual Dr. Bezerra de Menezes sobre os tempos atuais, a fim de que possamos "assegurar dias melhores em tempos piores". Nesse contexto, a Volta Triunfal de Jesus à Terra é imprescindível, como afirma Paiva Netto, para "uma aurora nova para a humanidade".

Estudemos com o Presidente-Pregador da Religião Divina e, sobretudo, pratiquemos esse valioso Roteiro Espiritual, a fim de enfrentarmos os desafios diários e vencê-los sob a inafastável Proteção Celeste.

Minhas Amigas e meus Irmãos, minhas Irmãs e meus Amigos, da Terra e do Céu da Terra!

Deus Está Presente!
Jesus Está Chegando!

É com imenso gáudio no coração que endereço a todos o nosso Roteiro Espiritual para vencermos com Jesus todos os óbices que despontarem no caminho.

Rogo a atenção de vocês para o fato de que, em qualquer tempo de qualquer ano, sob qualquer circunstância, não podemos esquecer que o maior acontecimento da História, que está para ocorrer, é o Glorioso Retorno do Divino Mestre Jesus — razão pela qual estão na

Terra as Instituições da Boa Vontade de Deus (IBVs), entre elas a Religião de Deus, do Cristo e do Espírito Santo e a Legião da Boa Vontade (LBV).

Vivemos desafiadores momentos no mundo sob o constante risco de extermínio que a própria humanidade teceu para o seu destino. E quanto mais ameaçadora se torna a jornada humana, mais forte precisa ser a nossa Aliança com o Pai Celestial, que nos orienta no Salmo 50, versículo 15:

— *Invoca-me no dia da angústia.*

Como já lhes disse, na época atual, o dia da angústia são todos os anos vindouros, até que se concretize o Juízo Final, que só será apavorante para os que, chafurdando-se nos lamaçais do ódio, não cumprem a Lei Sublime do Amor do Educador Celeste — *"Amai-vos como Eu vos amei. Somente assim podereis ser reconhecidos como meus discípulos, se tiverdes o mesmo Amor uns pelos outros"* (Evangelho, segundo João, 13:34 e 35).

Os Tempos mais que chegaram, pois já transcorrem! Essa urgência nos convoca à recordação de fundamentais passagens bíblicas que demonstram a importância da função primacial das Instituições da Boa Vontade neste fim de ciclo apocalíptico, integradas realmente no Cristo Jesus. Nele imersas, as IBVs recebem o Seu banho lustral, caminham invictas, derrotando a treva.

Isso porque seguem, **de verdade**, a Luz do Mestre, suplantam montanhas e vencem todos os obstáculos.

Firmadas na prática da Caridade Completa — Material e Espiritual, conforme a designou o saudoso Proclamador da Religião Divina, o Irmão Alziro Zarur (1914-1979) —, conscientes de seu valor e seguras espiritualmente de si — porque participantes ativas e comunicativas do **Corpo Místico do Cristo** —, a Religião do Terceiro Milênio e a Legião da Boa Vontade **realizam a sua extraordinária tarefa**, planejada e estabelecida no Alto antes mesmo de descerem ao plano das formas. **Seu Supremo Objetivo é preparar os caminhos da Volta Triunfal de Jesus ao planeta Terra, que Ele fundou, com a formação do Seu Rebanho Ecumênico.**

Jesus novamente entre nós

O Retorno do Príncipe da Paz deve ser muitíssimo destacado em todas as épocas, ainda mais quando os seres humanos emitem seus estrondos de guerra. **Jesus outra vez entre nós é verdadeiramente a Certeza Imortal de dias melhores!**

Estejamos, portanto, sempre a postos, atentos à Segunda Vinda do Cristo e, dessa maneira, cresçamos, não ansiosos, tensos, mas felizes, porque se trata da proximidade de um acontecimento magnífico: **Jesus vem!**

O Sublime Amigo concluiu Seu Luminoso Apocalipse, que encerra a Bíblia Sagrada, asseverando justamente esse inigualável Retorno, uma aurora nova para a humanidade, em inesquecíveis e confortadores versículos. Associados aos demais, constituem esse Roteiro Místico-Espiritual para vencermos com Jesus, com a convicção de nossa vitória perene.

Dias melhores em tempos piores

Nos tempos desafiadores que se anunciam para as nações, ouçamos também uma palavra alentadora que o nobre Irmão Dr. Bezerra de Menezes (Espírito) nos apresentou, durante as comemorações dos 20 anos do Templo da Boa Vontade, em 24 de outubro de 2009, em Brasília/DF, Brasil.

O que vem aí é muito sério, contudo, como declarou o Médico dos Pobres, é possível *"assegurar dias melhores em tempos piores"*.

Concentremo-nos em Deus, no Cristo e nos Espíritos Luminosos, as Almas Benditas compromissadas com a Volta Gloriosa do Supremo Comandante do orbe terrestre. Eles saúdam os Cristãos do Novo Mandamento, Amigos de Jesus, Irmãs e Irmãos de Boa Vontade, porquanto o Roteiro Espiritual para a nossa vitória em qualquer período do ano depende da ajuda direta desses abnegados Irmãos.

Jamais nos esqueçamos do marcante pensamento do saudoso Legionário da Boa Vontade Dr. Osmar Carvalho e Silva (1912-1975), registrado pela sensitividade do Irmão Chico Periotto, em 6 de junho de 1992, em Figueira da Foz, Portugal:

> *— O nosso trabalho depende da dedicação de vocês, mas o sucesso de vocês depende do nosso apoio.*

A Paz não é utopia

Há um improviso meu que a Academia Jesus, o Cristo Ecumênico, o Divino Estadista, em parte publicou na obra *A Proclamação do Novo Mandamento de Jesus — A saga heroica de Alziro Zarur (1914-1979) na Terra*, que, em 24 de outubro de 2009, lançamos diante de uma multidão que superlotava os ambientes do TBV e seus arredores:

(...) Existem aqueles que acham, como se fora fatalismo por eles atribuído em censura aos místicos, que a guerra é indissociável do ser humano, sem que haja outra possibilidade de rápido progresso. Naturalmente, encontram-se iludidos. Talvez por enquanto lhes falte ainda a resolução de contrapor-se a qualquer obstáculo e pugnar sem receios por tempos de fato mais pacíficos. Isso requer dose decisiva de arrojo: ir contra aquilo que certos "costumes milenares" ruinosos "decidiram" ser o caminho inarredável das massas. Mas há muitos que possuem esse destemor. Sérgio Vieira de Mello (1948-2003), diplomata brasileiro morto em missão de Paz a serviço da ONU no Iraque, foi um deles. Não afirmo que o instinto assassino vá desaparecer de uma hora para outra da face do planeta, a não ser pela manifestação de uma Vontade Superior à nossa: a de Deus. Apenas não aceito modelos radicais, capitulados como realismo irremovível, que paralisam a sociedade. Digamos, a fim de argumentar, que, se uma guerra mundial viesse, teríamos de enfrentá-la com toda a necessária coragem. Nada de fugir a coisa alguma. Entretanto, um dia, a **Fraternidade Ecumênica** e a **Justiça Divina** mudarão para melhor o destino acidentado dos indivíduos, das famílias, das pátrias.

Quando a criatura espiritualmente se purifica, tudo se transforma à sua volta. Fora dessa postura espiritual-solidária do Mandamento Divino, propagado por uma das maiores Figuras que passaram por este orbe, **Jesus, o Economista Compassivo e Político Celeste**, torna-se mais difícil usufruir **a Paz desarmada**.

Passagens bíblicas e espirituais para leitura, reflexão e urgente atitude no Bem

Atos dos Apóstolos de Jesus, 1:11:

11 Galileus, por que estais olhando para o céu? Esse Jesus que dentre vós foi recebido no Alto, assim virá do mesmo modo como O vistes subir.

Evangelho, segundo Lucas, 21:27 e 28:
27 *Então, o Filho de Deus será visto voltando sobre as nuvens, com poder e grande glória.*
28 *Ora, ao começarem estas coisas a suceder, exultai e erguei as vossas cabeças, porque a vossa redenção se aproxima.*

Apocalipse, 22:7, 12 e 20:
7 *E prometeu o Cristo: Eis que venho sem demora. Bem-aventurado aquele que guarda as palavras da profecia deste Livro.*
12 *E repete o Cristo: Eis que venho sem demora, e comigo está o galardão que tenho para retribuir a cada um segundo as suas próprias obras.*
20 *Aquele que dá testemunho destas coisas diz: Certamente venho sem demora. Amém. Ora vem, Senhor Jesus!*

Evangelho, segundo Marcos, 13:33, 35 a 37:
33 *Estai, portanto, de sobreaviso. Vigiai e orai, porque não sabeis quando ocorrerá esse tempo.*
35 *Vigiai, pois, visto que não sabeis em que dia e em que hora voltará vosso Senhor. Se à tarde, se à meia-noite, se ao cantar do galo, se pela manhã;*
36 *para que, vindo Ele de repente, não vos encontre dormindo.*
37 *O que digo a vós em particular, digo-o publicamente a todos: Vigiai!*

Segunda Epístola de Pedro Apóstolo, 3:10 a 13:

10 *O Dia do Senhor virá como o ladrão de noite, no qual os Céus passarão com estrepitoso estrondo, e os elementos, ardendo, se desfarão, e a Terra e as obras que nela existem serão atingidas.*
11 *Visto que todas essas coisas serão assim desfeitas, vivei em santo procedimento,*
12 *Esperando e apressando a vinda desse Dia do Senhor, por causa do qual o céu incendiado se desfará e os elementos abrasados se derreterão.*
13 *Nós, porém, segundo a Sua promessa, esperamos Novo Céu e Nova Terra, nos quais habita a Justiça de Deus.*

Evangelho, consoante Mateus, 24:6 e 7:

6 *Ouvireis falar de guerras e de rumores de guerras; vede, não vos assusteis, porque é necessário que isso aconteça, mas ainda não é o fim.*
7 *Porquanto se levantará nação contra nação, reino contra reino, e haverá fomes e terremotos em vários lugares.*

Apocalipse, 21:1 a 8:

1 *E vi Novo Céu e Nova Terra, porque o primeiro céu e a primeira terra passaram, e o mar já não existe.*
2 *Eu, João, vi também a Cidade Santa, a Nova Jerusalém, que da parte de Deus descia do Céu, vestida como noiva adornada para o seu esposo.*

3 *Então, ouvi grande voz vinda do trono, dizen-*
do: Eis aqui o Tabernáculo de Deus com os homens.
Deus habitará com eles. Eles serão Seu povo, e o pró-
prio Deus, no meio deles, será o seu Deus.
4 *E lhes enxugará dos olhos toda lágrima, não ha-*
verá mais morte, não haverá mais luto, não haverá
mais pranto, nem gritos, nem dor, porque as primei-
ras coisas passaram.
5 *Então, Aquele que está assentado no trono disse:*
Eis que faço novas todas as coisas. E acrescentou: Es-
creve, porque estas palavras são fiéis e verdadeiras.
6 *Disse-me ainda: Tudo está feito. Eu sou o Alfa e*
o Ômega, o Princípio e o Fim. Eu a quem tem sede
darei de graça a beber da Fonte da Água da Vida
Eterna.
7 *O vencedor herdará estas coisas, e Eu lhe serei*
Deus e ele me será filho.
8 *Quanto, porém, aos covardes, aos incrédulos, aos*
abomináveis, aos assassinos, aos adúlteros, aos impu-
ros, aos feiticeiros, aos que dão veneno, aos idólatras
e a todos os mentirosos do mundo, a parte que lhes
cabe será no lago que arde com fogo e enxofre, que é
a segunda morte.

Dr. Bezerra de Menezes (Espírito):

E todos vocês, que merecem o respeito, a consideração e a Fraternidade dos chamados Invisíveis, recebem as Bênçãos Divinais em proporções maiores, absolutas, derradeiras, pois a transformação dos seres humanos é o único porto, a nau única, a assegurar dias melhores em tempos piores que vêm sobre a humanidade.

Irmão Flexa Dourada (Espírito):
Quando tudo parece absolutamente fora de momento, que não há razão de ser, não podemos esquecer que a maior expressão de Esperança conhecida por um cristão é a Volta de Jesus. Não deixar ninguém esquecer a Volta de Jesus. Ele disse que voltará e virá como o ladrão, de surpresa.

Evangelho, segundo João, 14:27; e Mateus, 28:20:
Minha Paz vos deixo, minha Paz vos dou. Eu não vos dou a paz do mundo. Eu vos dou a Paz de Deus, que o mundo não vos pode dar. Não se turbe o vosso coração nem se arreceie, porque Eu estarei convosco, todos os dias, até o fim do mundo!

Paz seja convosco!

Alertava o sempre lembrado Irmão Zarur:

— *Não há segurança fora de Deus.*

Eu mesmo fui inspirado a escrever que **o segredo da segurança espiritual e pessoal no Fim dos Tempos é precisamente estarmos integrados na Lei Divina, expressa na Terra por Cristo Jesus, que é Deus em nós**.

Quando os caminhos no mundo se mostrarem como um beco sem saída, voltemos sempre nosso olhar para o Evangelho de Jesus, em especial para os relatos da Ressurreição de nosso Mestre. Ele venceu a morte! E, ao buscar Seus Apóstolos e Discípulos, os saudou com a vibração que deve permanecer em nossas Almas:

> — *Paz seja convosco!* (Boa Nova do Cristo, segundo Lucas, 24:36).

Suplico ao Pai Celestial que essas sagradas diretrizes alcancem todos os corações de Boa Vontade, numa constante renovação espiritual e material.

Minhas Irmãs e meus Irmãos, é o que lhes desejo em todas as épocas de suas vidas: Paz seja convosco!

Louvado seja o Pai de Misericórdia!

Viva Jesus em nossos corações para sempre!

Aquele que os ama,

José de Paiva Netto
Presidente-Pregador da Religião de Deus,
do Cristo e do Espírito Santo

BENDITO AQUELE QUE VEM EM NOME DO SENHOR!

Academia Jesus, o Cristo Ecumênico, o Divino Estadista — *Após essa jornada de estudo, com a Alma abastecida pela Palavra de Deus, transmitida por intermédio de Seu Filho Jesus no Redentor Apocalipse, e preparando-nos para a prece, gostaríamos de compartilhar com vocês esta circular que Paiva Netto escreveu na madrugada do dia 4 de fevereiro de 2000 (sexta-feira), estando no Rio de Janeiro/RJ. Transcrevemos essa importante mensagem na esperança de que cada um possa se revestir ainda mais do espírito de sua missão, nascida do encontro de sua Alma com o Divino Libertador. Ele conta com nossa Primeira Caridade e deseja que sejamos fiéis a ela até o Fim dos Tempos, e para além dele.*

Como nos incentiva o Presidente-Pregador da Religião do Terceiro Milênio: **“Jamais desertemos de nossos compromissos assumidos com o Divino**

Pastor das nossas vidas, pois é a Ele que estaremos abandonando. Que possamos com nosso humilde e persistente labor, agora e sempre, atuar decisivamente neste glorioso desiderato, expresso no Supremo Objetivo da Religião de Deus, do Cristo e do Espírito Santo: Preparar os caminhos da Volta Triunfal de Jesus ao planeta".

Aos Legionários da Boa Vontade de Deus, Cristãos do Novo Mandamento, Amigos de Jesus,

Deus Está Presente!
Jesus Está Chegando!

1) Aproximam-se grandes acontecimentos na História da humanidade. As Instituições da Boa Vontade, cujo destino é servir a Deus, ao Cristo e ao Espírito Santo, nasceram sob o lema, lançado pelo seu saudoso Fundador Alziro Zarur (1914-1979), *"por um Brasil melhor e por uma humanidade mais feliz"*. Diante do exposto, desejo lhes dirigir algumas palavras inspiradas na grandeza eloquente da Divina Obra que nos confraterniza.

2) Na manjedoura, acendeu-se uma luz, que cresceu no Calvário para clarear a consciência terrestre. Essa Cintilante Luminosidade glorificou o destino humano na Ressurreição e encheu de Esperança o mundo quando Jesus subiu aos Céus e os Anjos anunciaram

aos galileus comovidos e atônitos, que, da mesma forma, o Cristo regressaria à Terra.

> [8] ***Recebereis a virtude do Espírito Santo, que há de vir sobre vós; e me sereis testemunhas tanto em Jerusalém como em toda a Judeia e Samaria e até os confins da Terra.***
> [9] *E, enquanto dizia isto, foi elevado, na presença de todos, às Alturas, e uma nuvem O recebeu, ocultando-O a seus olhos.*
> [10] *E, estando com os olhos fitos no céu, enquanto Ele subia, eis que junto deles se puseram dois Anjos vestidos de branco,*
> [11] *os quais lhes disseram:* ***Galileus, por que estais olhando para o céu? Esse Jesus, que dentre vós foi recebido nas Alturas, há de voltar, da mesma forma como O vistes subir.***
> [12] *Então, retornaram para Jerusalém, do monte chamado das Oliveiras, o qual está perto de Jerusalém, à distância do caminho de um sábado.*
> [13] *E, entrando, subiram ao cenáculo, onde habitavam Pedro e Tiago, João e André, Filipe e Tomé, Bartolomeu e Mateus, Tiago, filho de Alfeu, Simão, o Zelote, e Judas, filho de Tiago.*
> [14] *Todos estes perseveravam unanimemente em oração e súplicas, juntamente as mulheres, e Maria, mãe de Jesus, e com Seus Irmãos.*
>
> (Atos dos Apóstolos, 1:8 a 14)

3) Os séculos transcorreram, com alegrias e tristezas, vitórias e derrotas, além dos constantes chamamentos do Mundo Espiritual Superior a uma vida melhor para todos os povos. Porém, os ambientes de tirania e de ambição continuaram surdos aos apelos de Deus. Por isso, ainda hoje, não ouvem os prantos do Cristo sobre a humanidade desatenta:

> — *Jerusalém, Jerusalém, que matas os Profetas e apedrejas os que te foram mandados!* ***Quantas vezes quis Eu*** **[Jesus]** ***juntar os teus filhos, como a galinha protege os seus pintinhos debaixo das asas, e tu não o quiseste!*** (Boa Nova, segundo Mateus, 23:37).

4) A Jerusalém recalcitrante, hoje, **é toda a humanidade desatenta**.

5) Quantas Bênçãos Divinas desperdiçamos enquanto andamos distraídos! Entretanto, a Claridade do Cristo continua descendo como bálsamo para o Espírito de todos, mesmo para os que têm desprezado a Mensagem Dele, mas principalmente para aqueles que estão perseverando até ao fim, consoante Sua Promessa aos fiéis de Esmirna:

> — *Sê fiel até à morte, e Eu te darei a coroa da vida* (Apocalipse, 2:10),

e que, por essa pertinácia, merecem entoar o Canto dos Remidos (Apocalipse, 15:2 a 4):

> 2 *Vi como que um mar de vidro, envolto em fogo, e os vencedores da besta, da sua imagem e do número do seu nome, que se achavam em pé sobre o mar de vidro, tendo harpas de Deus;*
> 3 *e* ***entoavam o cântico de Moisés, servo de Deus, e o cântico do Cordeiro, o Cristo****, dizendo:* ***Grandes e admiráveis são as Tuas obras, ó Senhor Deus, Todo-Poderoso! Justos e verdadeiros são os Teus caminhos, ó Rei das nações!***
> 4 ***Quem não temerá e não glorificará o Teu nome, ó Senhor? Pois só Tu és piedoso; por isso todas as nações virão e se prostrarão diante de Ti, porque os Teus atos de justiça foram manifestados.***

6) Vivemos um clima de renovação tecnológica jamais vista; também de ganância internacional exacerbada. Todavia, os fiéis aguardam confiantes como primícias do Senhor (Apocalipse, 14:4 e 5).

7) **Deus é o Pão das Almas!**

8) Ele, com o Sopro do Seu Poder, destrói, num piscar de olhos, os ideais de vaidade e de domínio.

9) Ao serem atravessadas as águas do "rio da morte", desfazem-se as quimeras de uma Ciência quando sem entranhas, bem como os terrores de crenças quan-

do carregadas de preconceitos e intolerâncias, além de todo espírito de concorrência desalmada e o conceito bélico, que separam as pátrias. Isso até que o **Sol da Caridade**, que é **Jesus**, **espante as trevas da ignorância insolente** e, abrindo a visão espiritual dos seres humanos, leve-os a inferir que **apenas o exercício das Divinas Leis da Fraternidade Ecumênica e da Solidariedade Social trarão Paz à Terra**. Nesse tempo, o ensino sublime do Evangelho-Apocalipse do Mestre Amado terá finalmente acalmado os corações, que encontrarão no **Regaço de Deus** o descanso para os seus Espíritos desorientados. É a época tão almejada por todos os missionários do Bem, momento em que a humanidade terá entendido que **de nada adianta ilustrar a mente, se o coração for esquecido; e que é delírio completo desejar o progresso da sociedade**, se os princípios da confiança e do respeito forem *avis rara* nas relações interpessoais.

Ernest Renan

10) Ernest Renan (1823-1892), filósofo, historiador e livre-pensador francês, citado por Humberto de Campos (1886-1934) em "Carta a Gastão Penalva" (1887-1944), seu colega da Academia Brasileira de Letras (ABL), preconizava que

— o cérebro queimado pelo raciocínio tem sede de simplicidade, como o deserto tem de água pura.

11) Isso igualmente ocorre em relação à Verdade Divina, da qual o Espírito humano não pode abrir mão, tanto que, quando ele estiver exausto de inutilmente lutar contra a própria libertação — muitas vezes sem perceber que assim está agindo —, ela, a Verdade Divina, virá iluminá-lo com a sua luz delicada e serena.

Observemos a lição que nos deixou o Abolicionista Celeste:

> — *Conhecereis a Verdade* [de Deus], *e a Verdade* [de Deus] *vos libertará* (Evangelho, segundo João, 8:32).

Vale recordar que Jesus esteve visivelmente entre nós por apenas 33 anos. Contudo, consoante o prosador grego Luciano de Samósata (aprox. 125-192) anotou:

Luciano de Samósata

> — *A vida humana vale mais por sua intensidade de aprendizado do que por sua extensão.*

12) Façamos, então, o Bem, porque o tempo continuará passando. Vivamos, portanto, com toda a intensidade nossos compromissos assumidos com esta Obra Divina, tornando nossa existência, em Espírito, supinamente rica, de modo a merecermos a glória de viver o infalível sistema econômico de Nosso Senhor Jesus Cristo:

— *Buscai primeiramente o Reino de Deus e Sua Justiça, e todas as coisas materiais vos serão acrescentadas* (Evangelho, segundo Mateus, 6:33).

Protágoras

13) Tudo isso nos leva à conclusão de que Protágoras (aprox. 490-420 a.C.), filósofo grego da escola sofista, não alcançou a amplitude universal da essência da criatura quando concluiu que

— *o homem é a medida de todas as coisas.*

Com o pensamento elevado ao nosso Divino Mestre, caminhemos mais adiante e digamos que **o Espírito Eterno**, que habita o corpo humano, **ele, sim,** é a medida de todas as coisas, porquanto **é Cidadão Celeste**.

14) Mulheres e homens, jovens, crianças e Espíritos, Almas Benditas da Boa Vontade de Deus, o nosso esforço é levar ao povo as fórmulas divinas do Amor e da Verdade, da Humildade e da Esperança, da Justiça e da Paz, que emanam dos ensinamentos do Educador Sublime, Jesus. É o Pão Espiritual, que nos empenhamos em dividir com todos. Quando tivermos conscientemente aceitado e vivenciarmos isso, não na superfície, mas no imo de nossa Alma, estaremos prontos para proclamar a Política de Deus ao Espírito Imortal do ser humano.

Goethe

15) **O segredo é confiar em Jesus, o Grande Amigo que não abandona amigo no meio do caminho!** Eis o início de todo o Bem. Conforme dizia o velho Goethe (1749-1832), *"no princípio, a ação"*. O valor se prova com o trabalho.

Profeta Jeremias

16) Logo, se plenamente nos guiarmos pelos Preceitos Espirituais, revelados pelos porta-vozes do Altíssimo, presentes nas mais variadas culturas, as lamentações do Profeta Jeremias sobre Jerusalém encontrarão seu término, e *"haverá um só Rebanho para um só Pastor"*, que é o Cristo (Evangelho de Jesus, segundo João, 10:16).

17) Que a Paz e a decisão de Deus estejam, agora e sempre, em todos os seus corações, porque grandes vitórias se aproximam das Instituições da Boa Vontade!

Viva Jesus em nossos corações para sempre!

Aquele que os ama,

José de Paiva Netto
Presidente-Pregador da Religião de Deus,
do Cristo e do Espírito Santo

* * *

Acordes celestes

Academia Jesus, o Cristo Ecumênico, o Divino Estadista — *E para concluir esse capítulo, que antecede a prece que Paiva Netto dedica à Alma de suas estimadas leitoras e de seus prestimosos leitores, ofertamos ao coração de vocês a tocante música* Bendito Aquele que vem em nome do Senhor, *que Jesus o inspirou oito anos depois de ter escrito esta página. Você poderá ouvi-la ao direcionar a câmera do seu celular para o* QR Code.

O compositor Paiva Netto é quem narra o acontecimento:

Era uma madrugada (3h10), de 6 de dezembro de 2008, e encontrava-me em Glorinha/RS. Acordei com uma linda melodia na cabeça, era tão forte que precisei levantar e cantarolar para deixá-la gravada. E vamos assim cumprindo nossa missão também musical a serviço do Cristo de Deus.

Espero que toque e engrandeça as suas Almas. A letra para tão dulcíssimos acordes não poderia ser outra senão vinda do Santo Evangelho de Jesus, que é a maior carta de reforma social da humanidade.

Bendito Aquele que vem em nome do Senhor!

Letra: Evangelho de Jesus, segundo Mateus, 21:9 e 23:37 a 39; Livro de Jeremias, 29:13; e Apocalipse de Jesus, 1:7
Música e narração: Compositor Paiva Netto
Arranjo: Vanderlei Pereira
Interpretação: Coral Ecumênico Boa Vontade e Orquestra Jovem Boa Vontade

Abertura:
Irmão Paiva narra **O lamento sobre Jerusalém** (Santo Evangelho de Jesus, segundo Mateus, 23:37 a 39):

Jerusalém, Jerusalém, que matas os Profetas e apedrejas os que te foram mandados! Quantas vezes quis Eu reunir os teus filhos, como a galinha ajunta os seus pintinhos debaixo das asas, e vós não o quisestes!
Eis que a vossa casa ficará deserta.
Declaro-vos, porém, que, desde agora, já não me vereis, até que venhais a dizer: Bendito O que vem em nome do Senhor!

Coral canta:
Bendito Aquele que vem em nome do Senhor!
(Vem, Senhor! Vem, Jesus!)

Hosana a Jesus, e Paz na Terra aos de Boa Vontade, Vontade de Deus!

Irmão Paiva narra:
E, esse apelo de Jesus, nós o encontramos, de certa forma, no Velho Testamento da Bíblia Sagrada, no Livro de Jeremias, 29:13:

— *Buscar-me-eis e me achareis, porém, quando me buscardes de todo o vosso coração.*

Coral canta:
Vós me buscareis e me achareis quando me buscardes de todo o vosso coração. Quando me buscardes de todo o vosso coração, todo o vosso coração!
Bendito Aquele que vem em nome do Senhor!
Bendito Aquele que vem em nome do Senhor!

Ó Jesus, Divino Mestre!
Ó Jesus, Divino Mestre! Jesus! Jesus! Jesus! Jesus!
A Tua Misericórdia é o que nos sustenta. Ó Jesus!

Irmão Paiva narra:
Ó Jesus, cuja Misericórdia nos sustenta.
Quem nos sustenta é a Misericórdia de Jesus!

Coral canta:

Eis que Jesus vem sobre as nuvens!
Bendito Aquele que vem em nome do Senhor!
Vem, Senhor! Vem, Jesus!
Bendito Aquele que vem em nome do Senhor!
Vem, Senhor! Vem, Jesus!
Bendito Aquele que vem em nome do Senhor!
Vem, Senhor Jesus!

VAMOS ORAR!

Minhas Irmãs e meus Amigos, minhas Amigas e meus Irmãos, como dizia o saudoso Irmão Alziro Zarur:

— *Todo o Apocalipse é a apoteose da Volta Triunfal do Redentor da humanidade.*

O Livro da Revelação é a bússola de nossa sobrevivência pessoal e coletiva, é o socorro de Deus a nos alertar. Vimos, a todo o momento, o Texto Sagrado incentivar as nossas qualidades espirituais. Ora, talentos da Alma encorajados resultarão em vitórias em todos os sentidos, tanto materiais quanto espirituais, que são as mais importantes, pois constituem a nossa completa remissão.

E essa salvação está próxima. Nós é que muita vez a afastamos ao não ousarmos compreender os Estatutos Celestes resumidos neste Repositório das Leis Sublimes, chamado Apocalipse. Lembremos que somos criaturas de um Pai Generoso. E qual é o pai que quer ver a desgraça de seu filho? Só se for um miserável.

O Exército Invisível do Profeta Eliseu

Jesus repete sempre: *"Breve... Breve... Breve..."* É porque essa redenção está muito próxima. Basta abrirmos a nossa visão espiritual, porquanto ela se encontra em nosso íntimo. Elevemos um pedido aos Céus, tal qual ocorreu com Eliseu ao rogar a Deus que mostrasse a seu servo o gigantesco exército invisível que lutava ao lado deles. O Irmão Zarur até fez um ilustrativo resumo desse feito do audacioso Profeta-guerreiro, transcrito no Segundo Livro de Reis, 6:8 a 17, no Antigo Testamento da Bíblia Sagrada:

> — *Vocês não se lembram da passagem, que eu recordei, de Eliseu? Eliseu teve de entrar numa guerrinha, e o pessoal estava apavorado, porque as forças de Eliseu eram "vergonhosamente insignificantes" diante do inimigo. Entretanto, Eliseu estava achando graça do inimigo armado. Então, o mais próximo do Profeta achava que ele se encontrava louco, pois só um louco poderia enfrentar aquela guerra, naquelas condições. O servo gemeu: "Eliseu, meu senhor, que faremos agora?" Mas o Profeta lhe respondeu:* ***"Nada temas, porque mais numerosos são os que estão conosco do que todos os que***

A oração do Profeta Eliseu e o Exército Espiritual

estão com eles". *Em seguida, orou assim: "Ó Deus, peço-Te que lhe abra os olhos, para que veja o que está no invisível".* ***Deus abriu os olhos daquele cego espiritual, e então este viu um verdadeiro Exército ao lado de Eliseu.***

O calendário da salvação não é cronológico

Esse é o pedido que fazemos: **abra, Senhor, as pálpebras cerradas de nossos olhos espirituais**. Faça-nos enxergar que para a salvação não há tempo físico, há tempo moral e espiritual — é o Dia do Senhor. Não há contagem cronológica, nós é que somos o Tempo, quando nos integramos neste Espaço-Tempo Divino, conforme tratamos em diversas ocasiões.

Vejam vocês como é fundamental compreender em sua inteireza o Dia do Senhor. É por intermédio dessa integração que nossas mentes são amplificadas para entendermos em toda a sua acepção esse Manual Prático de Sobrevivência, o Livro das Profecias Finais.

Gravem bem este ensinamento que lhes trouxe: **o calendário da salvação não é obrigatoriamente cronológico, ele é espiritual e moral**. O tempo quem determina somos nós com os nossos atos, bons ou maus. Afastamos ou aproximamos a realidade salvífica de nosso meio à medida que respeitamos ou não o Arcabouço Jurídico-Espiritual que rege o Cosmos. Esse conceito é nascido do entendimento, do significado lato — quer dizer, completo, integral — do Dia do Senhor. Nós, se nos integramos em Deus, no Tempo-Espaço Dele, nos tornamos o Espaço-Tempo Divino e, por decorrência dessa sintonia, **deixamos de ser efeito e passamos a ser causa consciente, nos tornando Um com Deus, como deseja o Cristo, que é a Unidade Absoluta no Pai:**

> — ***Eu e o Pai somos UM.***
>
> Jesus (João, 10:30)

Sintonia Elevada

Vamos orar! Entremos nessa sintonia refinadíssima, fortalecendo a inabalável Igreja de Deus, que é o nosso coração, nesse momento em que finalizamos nossa jornada — confortando todas as Almas que carpem pelo mundo as suas lutas, os seus sacrifícios, que derramam lágrimas de dor ante a penúria da natureza humana. Entoemos com toda pujança de nosso coração a Prece de Ismael — Guia Espiritual do Brasil —, oração que

Anjo Ismael, por Alexandra Herrmann (1910-1988).

rasga o véu da tibieza, conduzindo o nosso Espírito à Fé Realizante dos paladinos do Senhor dos Exércitos Espirituais: **JESUS**!

Prece de Ismael

"Glória a Deus nas Alturas, Paz na Terra aos de Boa Vontade!"

Jesus, Bom e Amado Mestre, sustenta os Teus humildes irmãos pequeninos nas lutas desta vida!

Anjo Bendito do Senhor, abre sobre nós as Tuas Brancas Asas e abriga-nos de todo o mal!

Levanta os nossos Espíritos à Majestade do Teu Reino e infunde, em todos nós, a luz do Teu imenso Amor.

Jesus! Por Tua Sagrada Paixão, pelos Teus martírios na cruz, dá a todos os que ainda nos encontramos presos ao pesado fardo da matéria a orientação perfeita no caminho da virtude, o único pelo qual podemos Te encontrar.

Jesus! Paz a todos, misericórdia àqueles que pensam ser nossos adversários! Recebe, Senhor, no Teu Seio Bendito, a Prece dos últimos dos Teus servos.

Bendita Estrela, Farol das imortais falanges, purifica-nos com Teus raios divinos; e lava-nos de todos os males e atrai-nos para junto do Teu Seio, Santuário Bendito de todos os amores!

Se o mundo — com os seus erros, paixões e ódios — alastra o caminho de espinhos, escurecendo o nosso horizonte com as trevas do pecado, rebrilha-o mais com a Tua misericórdia; para que, seguros e apoiados no Teu Santo Evangelho, possamos trilhar e vencer as escabrosidades do caminho e assim chegar às moradas do Teu Reino.

Amiga Estrela, Farol dos pecadores e dos justos, abre o Teu Seio Divino e recebe a nossa súplica pela humanidade inteira.

Que assim seja!

Súplica por tempos de Paz

Ó Jesus, Divino Médico, cuja Misericórdia nos sustenta, em mais uma esplendorosa viagem pelas páginas de Tua Revelação, pudemos ver quanto conforto, quanta sabedoria, quantos alertamentos nos foram ofertados! Aprendemos, em Teu Santo Evangelho-Apocalipse, que é necessário empregar todos os segundos de nossas vidas em benefício de nossos Irmãos em humanidade, porquanto, quando voltares, cobrarás as nossas contas. Tu, que nos hospedaste com todas as benesses, apenas exigiste o espírito de Fraternidade, de Generosidade, de Solidariedade, de Compaixão junto aos nossos semelhantes!

As convocações do mundo geralmente nos arrojam a uma corrida frenética na obtenção de bens materiais, de satisfações passageiras que colidem com a nossa verdadeira essência, cujos anseios vão muito além de conquistas da matéria perecível.

O ser humano corre, corre, corre atrás daquilo que julga ser primordial.

> — *Ah, não posso perder tempo...* — diz, atônito, sem saber realmente do que necessita.

Estamos corpo, mas somos Espírito. Logo, é crucial que ganhemos o nosso tempo segundo o Teu Celeste Conceito. Ele vai passar de qualquer maneira, os anos vão se suceder e quando chegarmos às idades maiores, olhando para o nosso passado, o que diremos à nossa consciência, esse tribunal incorruptível?! Que possamos nos orgulhar de nossa história, por não havermos perdido tempo com egoísmos estéreis e, isto sim, termos nos preocupado com o destino de nossos semelhantes. Seremos ditosos por doar o que de mais glorioso possuirmos em nossa Alma em favor dos que da iluminação espiritual necessitam.

Jamais nos esqueçamos de nossa origem autêntica, o divino berço que nos acolheu. Somos todos filhos de Deus, que é Amor, conforme aprendemos com Jesus[41]. Somos, por isso mesmo, Irmãos em humanidade tu-

[41] ***"Deus é Amor"*** — Primeira Epístola de João, 4:8 e 16.

telados por Ti, ó Cristo do Pai Amantíssimo, Competente Educador.

Se olharmos o mundo pelo prisma das coisas unicamente materiais, veremos que — sem a Fraternidade, a Solidariedade e a Generosidade de que nos destes provas, Gênio da Serenidade — o progresso que viria para dar ao ser humano mais tempo para o ócio produtivo, para descansar, para o proveito daquilo que lhe trouxesse satisfação à mente, no final, acabou com o tempo restante.

Que vemos hoje? As pessoas estão cada vez mais estressadas, tendo que correr para ganhar isso, obter aquilo, para sobreviver... Dose maior de Fraternidade nos corações facilitaria a vida de todos, levaria a criatura egoística a repartir melhor os bens pela Terra, de maneira que não mais houvesse miséria no mundo.

Essa é a **Economia da Solidariedade Espiritual e Humana**, dentro da Estratégia da Sobrevivência, que propomos aos povos, desde a década de 1970: **mãos que se estendem; mãos que se apoiam; mãos que se levantam; mãos que alimentam; que vestem; corações que confortam, que iluminam. Cérebros que se unem aos corações** para fazer como que uma Torre de Razão e de Fraternidade subisse aos Céus, mas diferente daquela em Babel — onde ninguém se entendia. Vislumbramos uma edificação que, plasmada nas Leis Soberanas do Amor, pudesse se estender ao mundo levando tudo aquilo de que ele necessita e se resume em uma única palavra: **Paz**.

Essa Torre Luminosa se constrói com bons sentimentos, com misericórdia e com ações solidárias. Ela é a Política de Deus, a Política para o Espírito Eterno do ser humano, aquela que conduz à convivência correta, cordial entre os cidadãos.

Por essa razão, cada um de nós, Divino Mestre, vai Te fazer um pedido. Coloca, Jesus, a Tua Medicina neste copo d'água para a cura dos males do corpo — porquanto sabemos que, por meio da Tua intervenção, curarás, sobretudo, o nosso Espírito. Atende, ó Provedor Celeste, à súplica de cada um de nós.

Graças, Senhor! Dá-nos a Divina Paz que prometeste àqueles que vivem o Teu Novo Mandamento de Compaixão:

> — *Minha Paz vos deixo, minha Paz vos dou. Eu não vos dou a paz do mundo, Eu vos dou a Paz de Deus, que o mundo não vos pode dar. Não se turbe o vosso coração nem se arreceie, porque Eu estarei convosco, todos os dias, até o fim do mundo* (Evangelho do Cristo, segundo João, 14:27; e Mateus, 28:20).

Como revelas no Teu Redentor Apocalipse, capítulo 22, versículo 14:

> — *Bem-aventurados aqueles que lavam as suas vestiduras no sangue do Cordeiro de Deus, para que lhes assista o direito à Árvore da Vida Eterna, e para entrarem na cidade* [a Nova Jerusalém] *pelas portas.*

E como cantaram os Anjos aos pastores do campo — gente simples de coração que se encontrava fora da cidade, na zona rural —, desta forma, Jesus, Te anunciaram aos humildes:

> — *Glória a Deus nas Alturas, Paz na Terra aos homens* [e às mulheres, aos jovens, às crianças e aos Espíritos, Almas Benditas] *da Boa Vontade de Deus* (Evangelho, segundo Lucas, 2:14).

Repitam todos vocês que me ouvem e leem em suas casas, em seus carros, nas ruas, em toda parte, para que a Segurança Divina chegue aos nossos Espíritos:
Quem em Ti confia, Jesus, jamais perde o seu tempo, porque és o Grande Amigo que não abandona amigo no meio do caminho.

Glória a Ti, ó Cristo de Deus,
Excelso Condutor de nossas vidas!
Soberano Senhor de todas as Igrejas!
Amém!

ORAÇÕES ECUMÊNICAS

PAI-NOSSO

(A Oração Ecumênica de Jesus[42] que se encontra no Seu Santo Evangelho, segundo Mateus, 6:9 a 13.)

Pai Nosso, que estais no Céu
[e em toda parte ao mesmo tempo],
santificado seja o Vosso Nome.
Venha a nós o Vosso Reino [de Justiça e de Verdade].
Seja feita a Vossa Vontade [jamais a nossa vontade],
assim na Terra como no Céu.
O pão nosso de cada dia dai-nos hoje
[o pão transubstancial, a comida que não perece, o alimento para o Espírito, porque o pão para o corpo, iremos consegui-lo com o suor do nosso rosto].

---

[42] **Nota de Paiva Netto**
Todos podem rezar o *Pai-Nosso*. Ele não se encontra adstrito a crença alguma, por ser uma oração universal, consoante o abrangente espírito de Caridade do Cristo Ecumênico, o Divino Estadista. Qualquer pessoa, até mesmo ateia (por que não?!), pode proferir suas palavras sem sentir-se constrangida. É o filho que se dirige ao Pai, ou é o ser humano a dialogar com a sua elevada condição de criatura vivente. Trata-se da Prece Ecumênica por excelência.

Perdoai as nossas ofensas,
assim como nós perdoarmos aos nossos ofensores.
Não nos deixeis cair em tentação,
mas livrai-nos do mal;
porque Vosso é o Reino,
e o Poder, e a Glória para sempre.
Amém!

AS BEM-AVENTURANÇAS DO SERMÃO DA MONTANHA DE JESUS

(Santo Evangelho do Cristo, segundo Mateus, 5:1 a 12, da magnífica forma com que Alziro Zarur as proferia.)

Jesus, vendo a multidão, subiu ao monte e ensinava aos Seus discípulos, dizendo:

Bem-aventurados os humildes,
porque deles é o Reino do Céu.
Bem-aventurados os que choram,
porque eles serão consolados pelo próprio Deus.
Bem-aventurados os pacientes,
porque eles herdarão a Terra.
Bem-aventurados os que têm fome e sede de Justiça,
porque eles terão o amparo da Justiça Divina.
Bem-aventurados os misericordiosos,
porque eles alcançarão misericórdia.
Bem-aventurados os limpos de coração,

porque eles verão Deus face a face.
Bem-aventurados os pacificadores,
porque eles serão chamados filhos de Deus.
Bem-aventurados os que são perseguidos por causa da Verdade, porque deles é o Reino do Céu.
Bem-aventurados sois vós, quando vos perseguem,
quando vos injuriam e, mentindo,
fazem todo o mal contra vós por minha causa.
Exultai e alegrai-vos,
porque é grande o vosso galardão no Céu.
Porque assim foram perseguidos os Profetas
que vieram antes de vós.

AS SETE BEM-AVENTURANÇAS DO APOCALIPSE DE JESUS[43]

Não somente o Evangelho de Jesus registra Bem-Aventuranças, como as do Sermão da Montanha. Os estudiosos do Apocalipse também as encontram em suas páginas iniciáticas e decifráveis aos que têm *"olhos de ver e ouvidos de ouvir"*.

Primeira

— Bem-aventurados aqueles que leem e aqueles que ouvem as palavras da profecia deste Livro e guardam as coisas nele escritas, pois o Tempo está próximo (1:3).

[43] **As Sete Bem-Aventuranças do Apocalipse de Jesus** — A íntegra do documento de Paiva Netto sobre esse tema pode ser lida em *As Profecias sem Mistério* (1998). Adquira pelo *site* www.PaivaNetto.com/livros.

Segunda

— *Então, ouvi uma voz do Céu, que me dizia: Escreve: Bem-aventurados os mortos que, desde agora, morrem no Senhor. Doravante, diz o Espírito, que descansem das suas fadigas, pois as suas obras os acompanham* (14:13).

Terceira

— *Eis que venho como vem o ladrão. Bem-aventurado aquele que vigia e guarda as suas vestiduras, para não andar nu, e não se veja a sua vergonha* (16:15).

Quarta

— *Então, me falou o Anjo: Escreve: Bem-aventurados aqueles que são chamados à ceia das bodas do Cordeiro. E acrescentou: São estas as verdadeiras palavras de Deus* (19:9).

Quinta

— *Bem-aventurados e santos aqueles que têm parte na primeira ressurreição. Sobre esses a segunda morte não tem autoridade; pelo contrário, serão sacerdotes de Deus e de Cristo Jesus, e reinarão com Ele os mil anos* (20:6).

Sexta

— *E prometeu o Cristo: Eis que venho sem demora. Bem-aventurado aquele que guarda as palavras da profecia deste Livro* (22:7).

Sétima

— Bem-aventurados aqueles que lavam as suas vestiduras no sangue do Cordeiro de Deus, para que lhes assista o direito à Árvore da Vida Eterna, e para entrarem na cidade pelas portas (22:14).

BIBLIOGRAFIA

A Bíblia de Jerusalém. São Paulo: Paulus, 1995.

A Bíblia Sagrada. Tradução Padre Antônio Pereira de Figueiredo. Rio de Janeiro: Edição Barsa, 1964.

A Bíblia Sagrada. Tradução Centro Bíblico Católico. 60 ed. São Paulo: Ave Maria, 1988. Tradução dos originais mediante a versão dos Monges de Maredsous (Bélgica).

A Bíblia Sagrada: Antigo e Novo Testamento. Tradução para o português de João Ferreira de Almeida. Brasília: Sociedade Bíblica do Brasil, 1969.

A Bíblia Sagrada: nova edição papal. Traduzida das línguas originais com uso crítico de todas as fontes antigas pelos missionários capuchinhos de Lisboa. Charlotte, North Carolina, USA: C. D. Stampley Enterprises, Inc., 1974.

A Bíblia Sagrada. Tradução dos textos originais, com notas, dirigida pelo Pontifício Instituto Bíblico de Roma. São Paulo: Paulinas, 1976.

A Bíblia Sagrada: Antigo e Novo Testamento. Tradução Padre Matos Soares. Porto: Grandes Oficinas Gráficas da Sociedade de Papelaria, 1954. 4.v.

Alcorão Sagrado. Tradução do professor Samir El-Hayek. São Paulo: Tangará, 1975.

Antologia da Boa Vontade. Rio de Janeiro: Editora da Boa Vontade, 1955.

ARISTÓTELES. **Ética a Nicômaco.** Brasília: Editora UnB, 2001.

BUDDHA [Siddhartha Gautama]. **Sutta Pittaka.** Traduções dos suttas do páli para o inglês feitas por reconhecidos tradutores, incluindo: Thanissaro Bhikkhu, Maurice Walsh, Bhikkhu Boddhi, Narada Thera, T. W. Rhys Davis, Bhikkhu Ñanamoli, Nyanaponika Thera, Piyadassi Thera, David J. Kalupahana, John D. Ireland, F. L. Woodward, H. Saddhatissa e V.

Fausboll. Tradução do inglês para o português feita por Michael Beisert, com a revisão de Yvone Beisert. URL: http://www.acessoaoinsight.net. Acesso em 19/8/2015.

CARNEGIE, Dale. **How to Win Friends and Influence People.** New York, NY: Simon & Schuster, 1965.

CONFUCIUS. **The Analects.** Translated with an introduction by D.C. Lau. England: Penguin Group, 1979.

CESAREIA, Eusébio de. **História eclesiástica.** Rio de Janeiro: CPAD, 1999.

CUNHA, Casimiro (Espírito). **Pássaros humanos.** Pela psicografia de Francisco Cândido Xavier. São Bernardo do Campo: Editora GEEM, 1994.

EMMANUEL (Espírito). **Leis de amor.** Psicografado por Francisco Cândido Xavier e W. Vieira. São Paulo: FEESP, 1963.

EMMANUEL (Espírito). **Paulo e Estêvão:** episódios históricos do Cristianismo primitivo. 45. ed. Psicografado por Francisco Cândido Xavier. Brasília: FEB, 2012.

ESMIRNA, Policarpo de. *et al.* **Padres apóstolos.** Tradução Ivo Storniolo, Euclides M. Balancin. São Paulo: Paulus, 1995. (Coleção Patrística, v.1).

GRAHAM, Billy. **Answers to life's problems.** Dallas, Tex.: Word Publishing, 1988.

HUGO, Victor. **Oeuvres complètes de Victor Hugo.** Actes et Paroles 1, Avant l'exil, 1875. Paris: J. Hetzel; A. Quantin; Société d'éditions littéraires et artistiques; Albin Michel, 1880-1926.

JOSEPHUS, Flavius. **The works of Josephus:** complete and unabridged. Translated by William Whinston. Peabody, Mass.: Hendrickson Publishers, 1988.

LIÃO, Irineu de. **Contra as heresias.** Tradução Lourenço Costa. São Paulo: Paulus, 1995. (Coleção Patrística, v.4).

MATOS, Gregório de. **Obras completas de Gregório de Matos, crônica do viver baiano seiscentista.** Org. James Amado. Salvador: Janaína, 1968. v.1.

MENEZES, Bezerra de. **Reflexões sobre Jesus e Suas Leis.** Pela psicografia de Chico Periotto. São Paulo: Elevação, 2023.

MÍNIMUS [Wantuil de Freitas]. **Síntese de o Novo Testamento.** 4. ed. Rio de Janeiro: FEB, 1979.

PAIVA NETTO, José de. **A Esperança não morre nunca.** São Paulo: Editora Elevação, 2020.

PAIVA NETTO, José de. **A Missão dos Setenta e o "lobo invisível".** São Paulo: Editora Elevação, 2018.

PAIVA NETTO, José de. **Apocalipse sem medo.** São Paulo: Editora Elevação, 2000.

PAIVA NETTO, José de. **As profecias sem mistério.** São Paulo: Elevação, 1998.

PAIVA NETTO, José de. **Epístola Constitucional do Terceiro Milênio.** São Paulo: Legião da Boa Vontade, 1988.

PAIVA NETTO, José de. **Jesus, a dor e a origem de Sua autoridade:** o Poder do Cristo em nós. São Paulo: Elevação, 2014.

PAIVA NETTO, José de. **Jesus e a Cidadania do Espírito.** São Paulo: Editora Elevação. 2019.

PAIVA NETTO, José de. **Jesus, o Profeta Divino.** São Paulo: Editora Elevação. 2012.

PAIVA NETTO, José de. **Jesus, Zarur, Kardec e Roustaing, na Quarta Revelação.** 8. ed. São Paulo: LBV, 1984.

PAIVA NETTO, José de. **Liderar sob a proteção de Deus.** No prelo.

PAIVA NETTO, José de. **Livro de Deus:** Religião, Filosofia, Ciência e Política de Deus. 25. ed. Rio de Janeiro: LBV, 1982.

PAIVA NETTO, José de. **Livro Jesus.** Rio de Janeiro: LBV, 1983.

PAIVA NETTO, José de. **O Brasil e o Apocalipse.** São Paulo: LBV, 1984, v. 1; 1985, v. 2; 1996, v. 3.

PAIVA NETTO, José de. **O Capital de Deus.** No prelo

PAIVA NETTO, José de. **O Diário de um Cristão do Novo Mandamento de Jesus.** No prelo.

PAIVA NETTO, José de. **Reflexões e Pensamentos — Dialética da Boa Vontade.** São Paulo: LBV, 1987.

PAIVA NETTO, José de. **Sagradas Diretrizes Espirituais da Religião de Deus, do Cristo e do Espírito Santo.** São Paulo: LBV, 1987, v. 1.

PAIVA NETTO, José de. **Sagradas Diretrizes Espirituais da Religião de Deus, do Cristo e do Espírito Santo.** São Paulo: LBV, 1990, v. 2.

PAIVA NETTO, José de. **Sagradas Diretrizes Espirituais da Religião de Deus, do Cristo e do Espírito Santo.** São Paulo: LBV, 1991, v. 3.

PAIVA NETTO, José de. **Somos todos profetas.** 45. ed. São Paulo: Editora Elevação, 2022.

PAIVA NETTO, José de. **Tesouros da Alma.** São Paulo: Editora Elevação, 2017.

PERSCH, Pe. Léo. **Um Só Evangelho ou Harmonia dos Evangelhos.** Campinas/SP: Raboni, 1996.

SMITH, Uriah. **Thought, critical and practical, on the Book of Revelation.** Battle Creek, Michigan: Stem Press of the Seventh-Day Adventist Publishing Association, 1865.

TAHAN, Malba. **Lendas do deserto.** 15. ed. Rio de Janeiro: Record, 1996.

ZARUR, Alziro. **Mensagem de Jesus para os Sobreviventes.** 24. ed. Rio de Janeiro: Legião da Boa Vontade, 1978.

ZARUR, Alziro. **Poemas da Era Atômica.** 9. ed. Rio de Janeiro: LBV, 1979.

ÍNDICE DE NOMES

TEMPLO DA BOA VONTADE

Sede Espiritual da Religião de Deus, do Cristo e do Espírito Santo

Aclamado pelo povo uma das Sete Maravilhas de Brasília/DF, Brasil, o Templo da Boa Vontade (TBV), símbolo maior do Ecumenismo Divino, a Pirâmide

das Almas Benditas, a Pirâmide dos Espíritos Luminosos, é o monumento mais visitado de Brasília, segundo dados oficiais da Secretaria de Turismo do Distrito Federal (Setur-DF). Desde que foi fundado por Paiva Netto, em 21 de outubro de 1989, já recebeu mais de 30 milhões de peregrinos. **Na foto**, da esquerda para a direita, o Parlamento Mundial da Fraternidade Ecumênica (o ParlaMundi da LBV), a sede administrativa e o TBV, localizados na Quadra 915 Sul. Outras informações: (61) 3114-1070 / www.tbv.com.br.

ÍNDICE DE MATÉRIAS

BIOGRAFIA DO FUNDADOR DA ACADEMIA JESUS, O CRISTO ECUMÊNICO, O DIVINO ESTADISTA

José de Paiva Netto, escritor, jornalista, radialista, compositor e poeta, nasceu em 2 de março de 1941, no Rio de Janeiro/RJ, Brasil. É Presidente da Legião da Boa Vontade (LBV) e Presidente-Pregador da Religião de Deus, do Cristo e do Espírito Santo. Membro efetivo da Associação Brasileira de Imprensa (ABI) e da Associação Brasileira de Imprensa Internacional (ABI-Inter), é filiado à Federação Nacional dos Jornalistas (Fenaj), à International Federation of Journalists (IFJ), ao Sindicato dos Jornalistas Profissionais do Estado do Rio de Janeiro, ao Sindicato dos Escritores do Rio de Janeiro, ao Sindicato dos Radialistas do Rio de Janeiro e à União Brasileira de Compositores (UBC). Integra também a Academia de Letras do Brasil Central. É autor de referência internacional na defesa dos direitos humanos e na conceituação da causa da Cidadania e da Espiritualidade Ecumênicas, que, segundo ele, constituem *"o berço dos mais generosos valores que nascem da Alma, a morada das emoções e do raciocínio iluminado pela in-*

tuição, a ambiência que abrange tudo o que transcende ao campo comum da matéria e provém da sensibilidade humana sublimada, a exemplo da Verdade, da Justiça, da Misericórdia, da Ética, da Honestidade, da Generosidade, do Amor Fraterno. Em suma, a constante matemática que harmoniza a equação da existência espiritual, moral, mental e humana. Ora, sem esse saber de que existimos em dois planos, portanto não unicamente no físico, fica difícil alcançarmos a Sociedade realmente Solidária Altruística Ecumênica, porque continuaremos a ignorar que o conhecimento da Espiritualidade Superior eleva o caráter das criaturas e, por conseguinte, o direciona à construção da Cidadania Planetária".

Entre as inúmeras homenagens recebidas, foi agraciado com a Medalha do 1º Centenário da Academia Brasileira de Letras (ABL); nomeado Comendador da Ordem do Rio Branco, pelo Ministério das Relações Exteriores; e condecorado com o Grau de Comendador, pelo Conselho da Ordem do Mérito Aeronáutico, e com a Medalha do Pacificador, pelo Ministério do Exército Brasileiro.

Filho primogênito de Idalina Cecília de Paiva (1913-1994) e Bruno Simões de Paiva (1911-2000) — que tiveram como padrinho de casamento Dorival Caymmi (1914-2008) — e irmão de Lícia Margarida de Paiva (1942-2010). Teve a infância e a juventude marcadas por uma preocupação incomum com temas espirituais, filosóficos, educativos, sociais, políticos, científicos e econômicos, além de um profundo senso de auxílio aos necessitados.

Estudou no tradicional Colégio Pedro II, na capital fluminense, do qual recebeu o título de Aluno Eminente, sendo homenageado com placa de bronze na sede desse conceituado colégio-padrão. Em 1956, ainda adolescente, iniciou sua jornada vitoriosa ao lado do saudoso Fundador da Legião da Boa Vontade, o radialista, jornalista, escritor, poeta e filósofo brasileiro Alziro Zarur (1914-1979). Paiva Netto foi o principal Assessor dele durante quase um quarto de século. Para se dedicar totalmente à LBV, abandonou a vocação para a Medicina. Mais tarde, tornou-se Secretário-Geral (cargo equivalente ao de Vice-Presidente) da Instituição e, com o falecimento de Zarur, sucedeu-o.

Compositor e produtor musical, foi aluno do professor Homero Dornelas (1901-1990), assessor do notável Villa-Lobos (1887-1959). Elaborou a "Marcha dos Soldadinhos de Deus", interpretada pela primeira vez em 21 de abril de 1960, por meninos amparados pelo Instituto São Judas Tadeu, no Rio de Janeiro, onde colaborava como voluntário. A apresentação foi uma homenagem a Brasília/DF, Brasil, que o então Presidente da República Juscelino Kubitschek (1902-1976) inaugurava naquela data.

À frente da Legião da Boa Vontade desde 1979, multiplicou as ações desta nas áreas da educação e da promoção humana e social, por meio das unidades de atendimento da Instituição, as quais abrangem escolas-modelo de educação básica, abrigos para idosos e centros comunitários de assistência social. Tais espaços fazem parte de um projeto ainda maior, criado por Paiva Netto e a que ele se tem dedicado há bastante tempo: a Educação com Espiritualidade Ecumênica, consubstanciada em uma vanguardeira linha pedagógica, que propõe um modelo novo de aprendizado, o qual alia cérebro e coração. Essa proposta educacional, composta da Pedagogia do Afeto e da Pedagogia do Cidadão Ecumênico, é aplicada com sucesso na rede de ensino da LBV e nos serviços e programas socioeducacionais desenvolvidos pela Legião da Boa Vontade.

Os ideais da Boa Vontade não têm fronteiras e empolgam diversas regiões do mundo. Desde 1980, por exemplo, as iniciativas solidárias expandem-se para a LBV da Argentina, do

Paraguai, do Uruguai, da Bolívia, de Portugal e dos Estados Unidos, sendo estas mantidas por meio de donativos de cada população local.

Em virtude da ampla abrangência de seus programas, serviços e ações e da excelência no trabalho realizado, a Legião da Boa Vontade (LBV) mantém relação consultiva com a Organização das Nações Unidas (ONU), desde 1994, por intermédio do Departamento de Comunicação Global (DCG) desse organismo internacional e, desde 1999, com o Conselho Econômico e Social (Ecosoc) das Nações Unidas, no qual a Instituição possui *status* consultivo geral, grau máximo de reconhecimento que uma Entidade pode alcançar junto a esse órgão. A LBV tem participado ativamente das principais conferências e reuniões da ONU, contribuindo com importantes recomendações, por meio de documentos e publicações, editados em diversos idiomas, que são entregues a chefes de Estado, conselheiros ministeriais, agências internacionais e representantes da sociedade civil. Dentre esses materiais destacam-se as revistas *Sociedade Solidária*, *Paz para o Milênio*, *Globalização do Amor Fraterno*, BOA VONTADE *Desenvolvimento Sustentável*, BOA VONTADE *Mulher* e BOA VONTADE *Educação*.

O Presidente da Legião da Boa Vontade recebeu, em 14 de novembro de 2016, correspondência oficial da equipe do novo secretário-geral da ONU, o dr. António Guterres, na qual expressa gratidão ao dirigente da LBV pela carta encaminhada ao diplomata português com cumprimentos em virtude da nomeação deste para ocupar o cargo máximo da ONU. Na missiva, assinada por Kyung-wha Kang, assessora especial em Política do gabinete do secretário-geral, consta: *"Prezado presidente, permita-me agradecer, em nome do secretário-geral designado, António Guterres, as vossas gentis palavras de congratulação. É com grande honra e com um sentido de responsabilidade que ele assumirá suas novas funções. A Legião da Boa Vontade é uma organização da sociedade civil que tem uma parceria de longa data com as Nações Unidas. Sua missão de incentivar a vivência de valores, a fim de criar uma sociedade mais justa e solidária, é mais do que nunca de grande relevância global. Suas iniciativas visam melhorar a situação de pessoas de baixa renda em diversas áreas, tais como educação e desenvolvimento sócio--económico, sendo uma grande contribuição para a consecução dos Objetivos de Desenvolvimento Sustentável e sua meta de erradicar a pobreza até o ano de 2030. Contamos com a Legião da Boa Vontade para trabalhar junto às Nações Unidas na busca de soluções para os desafios globais mais urgentes da atualidade".*

Em 21 de outubro de 1989, Paiva Netto fundou, em Brasília/DF, Brasil, o Templo da Boa Vontade (TBV), com a presença de mais de 50 mil pessoas. Conhecido também como o Templo da Paz, é o polo do Ecumenismo Divino, que proclama o contato socioespiritual entre a criatura e o Criador. Aclamado pelo povo uma das Sete Maravilhas de Brasília, o TBV é o monumento mais visitado da capital federal, conforme dados oficiais da Secretaria de Turismo do Distrito Federal (Setur-DF), e, desde que foi inaugurado, recebe anualmente mais de um milhão de peregrinos.

Paiva Netto criou, para propagar a Cidadania Espiritual (conceito preconizado por ele), a Super Rede Boa Vontade de Comunicação (rádio, TV, internet e publicações).

No campo editorial, ultrapassou a expressiva marca de 9 milhões de livros vendidos. Além disso, tem seus artigos publicados em jornais, revistas e portais de internet no Brasil e no exterior. Já escreveu para importantes veículos, a exemplo do *Diário de Notícias*, *Jornal de Coimbra*, *Correio da Manhã*, *Jornal de Notícias*, O *Primeiro de Janeiro*, *Notícias de Gaia*, *Voz do Rio Tinto*, *Jornal da Maia*, *O Público*, *Campeão das Províncias*,

Audiência e *O Despertar* (Portugal); *Time South*, *Jeune Afrique* e *African News* (África); *Daily Post* (circulação internacional); *Clarín* (Argentina); *Jornada* e *El País* (Bolívia); *El Diário Notícias* e *ABC Color* (Paraguai); *El País* (Uruguai); *International Business and Management* (China); e *Deutsche Zeitung* (Alemanha).

Sobre seu estilo literário, o escritor norte-americano Errol Lincoln Uys observou: *"Paiva Netto, sendo um homem prático, não deixa de ter alma de poeta"*. Segundo a definição do eminente professor, jurisconsulto e tratadista José Cretella Junior (1920-2015), *"é um exímio estilista, sempre em dia com as novas"*. Valdir Andres, jornalista, advogado, fundador do periódico A Tribuna Regional, de Santo Ângelo/RS, Brasil, assim declarou: *"É uma honra imensa abrigar os conceitos, as opiniões, a pena brilhante do professor Paiva Netto em nosso jornal"*. Na opinião do mestre de professores Moacir Costa Lopes (1927-2010), *"é um escritor de muito talento"*.

Endereço para correspondência:
Rua Norma Pieruccini Giannotti, 110
Barra Funda • São Paulo/SP • CEP 01137-010
***E-mail*: PaivaNetto@uol.com.br**

SIGA A RELIGIÃO DE DEUS, DO CRISTO E DO ESPÍRITO SANTO NAS REDES SOCIAIS

www.ReligiaodeDeus.org
Youtube.com: ReligiaodeDeusvideos
Facebook: ReligiaodeDeus
Instagram: ReligiaodeDeus
www.AcademiaJesus.com.br
www.ClubeCulturadePaz.com.br

CONHEÇA A RELIGIÃO DE DEUS, DO CRISTO E DO ESPÍRITO SANTO E O TRABALHO DA LBV

BOA VONTADE TV

https://www.youtube.com/boavontadetv
OI TV: Canal 212 • Net Brasil: Canais 196 e 696 • Claro TV: Canais 196 e 696 • Satélite D-2 em Banda KU

Geradora Educativa da Fundação José de Paiva Netto

Canal 11.1 - São José dos Campos/SP
Canal 45.1 - Cotia/SP (Grande São Paulo)
Para outras informações, acesse www.BoaVontade.com/tv

SUPER REDE BOA VONTADE DE RÁDIO

Internet: www.BoaVontade.com/radio
OI TV: Canal 989 (Super RBV de Rádio)

Emissoras de rádio:

Rio de Janeiro/RJ: AM 940 kHz • **São Paulo/SP:** FM 88,3 e AM 1.260 kHz • **Esteio, região de Porto Alegre/RS:** AM 1.300 kHz • **Porto Alegre/RS:** OC 25 m - 11.895 kHz • OC 31 m - 9.550 kHz • OC 49 m - 6.160 kHz • **Brasília/DF:** AM 1.210 kHz • **Santo Antônio do Descoberto/GO:** FM 88,9 MHz • **Salvador/BA:** AM 1.350 kHz • **Manaus/AM:** AM 610 kHz • **Montes Claros/MG:** AM 550 kHz • **Sertãozinho, região de Ribeirão Preto/SP:** AM 550 kHz • **Uberlândia/MG:** AM 1.210 kHz

SITES

www.LBV.org.br
www.BoaVontade.com
www.ReligiaodeDeus.org
www.JesusEstaChegando.com
www.PaivaNetto.com
www.AcademiaJesus.com.br

APP BOA VONTADE PLAY

Baixe na loja de aplicativos do seu celular e acompanhe ao vivo